赵瑾瑜 著

次第花开，我心静好：

杨绛传

北京燕山出版社

图书在版编目（CIP）数据

次第花开，我心静好：杨绛传 / 赵瑾瑜著 . —北京：北京燕山出版社，2023.3（2024.9 重印）

ISBN 978−7−5402−6677−6

Ⅰ . ①次… Ⅱ . ①赵… Ⅲ . ①杨绛（1911−2016）−传记 Ⅳ . ① K825.6

中国版本图书馆 CIP 数据核字（2022）第 182546 号

次第花开，我心静好：杨绛传

著　　者	赵瑾瑜
责任编辑	王长民
文字编辑	赵满仓
封面设计	韩　立
出版发行	北京燕山出版社有限公司
社　　址	北京市西城区椿树街道琉璃厂西街 20 号
邮　　编	100052
电话传真	86−10−65240430（总编室）
印　　刷	河北松源印刷有限公司
开　　本	880mm×1230mm　1/32
字　　数	168 千字
印　　张	8
版　　次	2023 年 3 月第 1 版
印　　次	2024 年 9 月第 5 次印刷
定　　价	38.00 元
发 行 部	010−58815874
传　　真	010−58815857

如果发现印装质量问题，影响阅读，请与印刷厂联系调换。

2016 年 5 月 25 日醒来后，发现自己被铺天盖地的杨绛先生逝世的消息包围了。一瞬间，我置身于难以置信的恍惚和早就应该有所预料的矛盾中。

太突然了！仿佛，消息是藏在特洛伊木马里的士兵，突然之间就冲进来，将我心中的最后一丝抵抗杀个片甲不留，我竟毫无还手之力。

事情就这样降临了。

她走了，带走了一个书香久远的时代。

她走了，带走了一个时代最后的优雅与温度。从此以后，我们只能从纸张里触摸那个时代的纹理。

她走了，世间再无"我们仨"。我们或许可以稍感安慰的是她终于"回家"了，她洗净百年来在尘世上沾染的污秽，干干净净，朴素而庄严地，从容地回家了。

"二〇〇五年一月六日，我由医院出院，回三里河寓所。我是从医院前门出来的。如果由后门太平间出来，我就是'回家'了。"

生前，她曾经将自己位于北京三里河的公寓称为人间客栈。是的，没有了女儿钱瑗和丈夫钱锺书的家，已经难以被她称为家。还在钱锺书病重的时候，她就曾跟人说："锺书在哪里，哪里就是我的家。"

后来，"我们仨"失散了。只剩下她独自在人间跋涉。她说她要洗净灵魂沾染的污秽之物，清清爽爽地回家。她做到了。

"人淡如菊，素雅如莲。"这八个字，在当世，恐怕只有她能当得起。杨绛的一生正如江南的一支莲花，出淤泥而不染。她淡泊名利，不争不抢。她厌恶人间的倾轧，她一辈子甘当一个"零"，甘做一件隐身衣。她引用西方的俗谚，将人世间的倾轧称为"蛇阱"。个个都伸着头，想要往上爬。而她宁愿"陆沉"，万人如海一身藏。

她出身大家，学问极好，但为了丈夫的事业，她心甘情愿地做"灶下婢"。她和钱锺书的婚姻美满，羡煞我们这等俗世男女。钱锺书曾赞扬她是"最贤的妻，最才的女"。钱锺书曾称赞她"绝无仅有地结合了各不相容的三者：妻子、情人、朋友"。这是一个丈夫对自己的妻子所能做出的最高赞誉了。

面对钱锺书的"誉妻癖"，杨绛自己曾在百岁的时候写过一篇文章《钱锺书生命中的杨绛》。在这篇文章中，她如此说道：

我原是父母生命中的女儿，只为我出嫁了，就成了钱锺书生命中的杨绛……

我做过各种工作：大学教授，中学校长兼高中三年级的英语教师，为闹小姐补习功课，还是喜剧、散文及短篇小说作者等等。

但每项工作都是暂时的，只有一件事终身不改，我一生是钱锺书生命中的杨绛。这是一件非常艰巨的工作，常使我感到人生实苦。但苦虽苦，也很有意思，钱锺书承认他婚姻美满，可见我的终身大事业很成功，虽然耗去了我不少心力体力，不算冤枉。钱锺书的天性，没受压迫，没受损伤，我保全了他的天真、淘气和痴气，这是不容易的。实话实说，我不仅对钱锺书个人，我对全世界所有喜读他作品的人，功莫大焉！

这是一位百岁老人生命中最后的独白，也可以说是她一生中对自己最看重的事业的评价。她为中国的剧作、翻译等领域均做出了巨大的贡献，然而，她却并不看重这些世人眼中的名誉。她受过西洋最好的教育——曾留学牛津大学、巴黎大学，然而，她骨子里对传统价值的尊奉，或许这才是她赢得众多中国读者喜爱的原因吧——至少是之一。

人们羡慕她和丈夫钱锺书的婚恋，我也不例外。他们的遇合可以说是可遇不可求。多年前，我的一本书要出版。因为，那是一本有关爱情的书，我突然就有种冲动，我想到无锡去，到她和钱锺书的家乡去。

我独自跑到钱氏老宅，像所有的观光客一样，在尊敬羡慕和好奇心的驱使下，将钱家逛了一遍。但并没有特别的触动。

我几乎要嘲笑自己的行为了，如此俗不可耐。

突然，我在钱家老宅的门口看到一行字，那个小广告拯救了我，使我此行变得有了意义。那广告上写有一串电话号码，办理各种证件，应有尽有，无所不能。这不禁令我失笑。若钱、杨两位先生得知他们的家门口被人写上这样的小广告——活像《围城》里，方鸿渐花钱买克莱登大学博士文凭的荒诞不经，真不知做何感想。大约，他们也会默契一笑。笑笑世人，也给世人笑笑。

这件事过了很多年，我很少再想起来了。直到今年开始写杨绛先生的传记，我又感到了我和她之间，我和他们夫妇之间，似乎有种隐秘的联系与缘分。

2018 年年底，某一晚，我和上海的一位好友聚餐，吃完饭，我和他站在天钥桥路等待打车回家。还有几天，就到旧历新年了。天，有些冷。我们将自己缩进大衣里，一边说着话，一边等待哪辆出租车经过，将我们从深夜的疲乏和寒冷中解救出来。

然而，我们等了很久也没有一辆出租车经过。那时，我的父亲刚去世。我刚从老家处理完他的丧事回到上海，心情不免也和冬日的天一般寒寂。我挽着他的胳膊——然而，这样还不够。街上几乎没有人，只有路灯的寒光伴着我们，我们站在早已掉光叶子的梧桐树下。

　　我抱住他的腰，将脸贴近他的胸口，整个人如温顺的猫，在他的怀里来回地蹭。仿佛如此，寒冷便少了几分。

　　忽然，听见他说："你瞧，这所学校还挺有历史的呢。"于是，我们一起凑在大门紧闭的校门口看校史。夜里看不清校园的模样，只是依稀觉得那轮廓很美。他又说："这学校的前身一定是所教会学校。"我相信他的判断，大约是出于对他建筑学知识的信任。

　　在等了漫长的将近一小时，终于等到有人载着我们离开徐家汇。这在平时熙熙攘攘的上海几乎难以想象，再后来我们得知是因为年关将至，大多数出租车司机都回老家过年了。因而，我们久等不至。

　　今年，随着我对杨绛先生的了解增多，我知道那个深夜我们拥抱着取暖的那所学校，竟然是杨绛先生的母校，顿时一种亲切感和缘分的神秘莫测感涌上心头。

　　想到我们在她母校门口的对话，以及共同度过寒冷的夜晚，还有那等待中的心情，恰似她和钱锺书一生的瞬间隐喻。再后来，又发现我和她都在同一家香港文学刊物上发表过作品，那种亲切感就越来越重了。

　　命运如此玄妙，竟是用这样的方式让我们相遇。

　　正如杨绛先生提到她和钱锺书先生的相遇一样，我们的相遇也同样是命中注定，是久久等待后的遇合。

钱锺书先生走后，杨绛先生曾经闭门不出，整日阅读写作，忙着整理他生前留下的浩繁的手稿和读书笔记。面对漫天的赞誉，她很淡然。

她只说但愿自己的工作能够让"死者如生，生者无愧"。我也有这个宏愿，但愿我的写作，能够令死者如生，生者无愧。

如此，也就不枉我日日夜夜的挂心，几次痛到无法呼吸的停笔。

如此，"我们仨"才会原谅一个后来者的冒犯——尽管，这冒犯来自尊敬的善意。

故里家世，江左风流

思无邪，纸上静好

杨绛，本名杨季康，江苏无锡人。他们家世居江南名城，祖上或做个清廉的小官，或为饱读诗书的读书人，用杨绛自己的话来说，他们家属于"寒素之家"。

杨绛出生的时候，上面已经有好几个姐姐了，她排行老四。她的到来起先并没有引起父母的格外惊喜——毕竟，在一个多子女家庭，父母的精力有限，很难照顾到每个孩子的一举一动。

但是，小小的杨绛很快就获得了父亲的格外宠爱。她凭借的不是撒娇卖萌的女子天性，而是和父亲心性的接近。

杨绛的父亲杨荫杭，晚清知识分子，在是个思想开明的父亲之前，他首先是个思想西化的青年。杨绛曾撰文说过自己的父亲属于维新派人物。

杨荫杭温文尔雅，庄重威严。早年，他考上了北洋公学（后来的天津大学）。但是还没等到毕业就被开除了，由这件事可看出他的个性来。后来，杨绛在《回忆我的父亲》这篇散文中这样写道：

> 据我二姑母说，我父亲在北洋公学上学时，有部分学生闹风潮。学校掌权的洋人（二姑母称为"洋鬼子"）出来镇压，说闹风潮的一律开除。带头闹的一个广东人就被开除了。"洋鬼子"说，谁跟着一起闹风潮的一起开除。一伙人面面相觑，都默不作声。闹风潮不过是为了伙食，我父亲并没参与，可是他看到那伙人都缩着脑袋，就冒火了，挺身而出说："还有我！"好得很，他就陪着那个广东同学一起开除，风潮就此平息。

后来，杨荫杭转学至南洋公学（今日之上海交通大学）。两年后，他幸运地被选为6名赴日留学生之一。

在日本，杨荫杭先就读了语言学校，继而入日本早稻田大学，学习政治学、法学方面的课程。和那一代觉醒的知识分子一样，在日本他接受了最初的思想启蒙，震惊于清王朝的腐朽衰落，同时也深受日本明治维新的刺激，改革图存的信念一再搅动着这位青年知识分子的心。

杨荫杭归国后，因宣传革命思想遭到通缉。为了避祸，他再赴日本。取得法学学位后，远走美国，并最终在宾夕法尼亚大学取得法学硕士学位。

再次归来的杨荫杭，不再像早年那样激进，但因学习法学而种下的疾恶如仇、追求公平公正的思想，却维持了一生。

杨荫杭历任江苏省高等审判厅厅长、京师高等检察厅检察长一职。任上，他秉公执法，为了维护法律尊严，不惜得罪权贵，并因此而丢官。当然，这都是后话。

杨荫杭热爱读书写作，笔名老圃。他翻译的西方学术名著曾影响了一代青年。小杨绛耳濡目染，非常喜欢读书。杨荫杭自己喜欢音韵学，但他对孩子们的教育采取的是"放任自流"的态度。

杨绛喜欢的和父亲不一样，不要紧。她喜欢文学，"词章小道"，父亲就给她买来不少这方面的书籍。如果她对某本书表示出了强烈的兴趣，父亲就会拿出那本书，悄悄地放到她的桌子上。有时，她得爬着手扶梯到书橱的顶端取下她想要的书。如果她长期不读，那本书就会不翼而飞——这是对她无声的谴责。

杨绛一直到中学都还分不清平仄，按理说父亲应该教她，毕竟他是研究音韵学的行家里手。但是他没有。他只是说不要紧，大了自然就懂了。后来，杨绛果然"无师自通"地懂得了平仄。他每天隔着窗子考查她的平仄情况。她答对了，他就哈哈大笑表示满意；她答错了，他依然哈哈大笑。

有一次，父亲问杨绛："阿季，如果三天不让你看书，你怎么样？"她说："不好过。""一星期不让你看书呢？"她说："一星期就白活了。"父亲笑了，说："我也这样。"杨绛因此觉得自己似乎已升作父亲的朋友了。

父母对孩子的影响，常常是如杜甫的诗句所言的那样——润物细无声。杨绛自幼雅好诗文，尤其喜欢读诗。父亲喜欢杜甫，年幼的杨绛不喜欢。随着年龄的渐长，阅历渐渐丰富，她理解了父亲，也理解了杜甫为国为民悲天悯人的情怀。后来，杜甫成为她一生最爱的诗人。

杨绛后来将阅读比作串门儿，高兴去哪家串门就去哪家串门。谈得好了，就坐一会儿；谈得一般，即可拔腿就走，也不用看彼此脸色。真是一件赏心悦目又大有进益的事。

＼一面照见未来的镜子

如果说杨绛爱读书、喜欢写作受到父亲杨荫杭的影响较多，那么生活方面则更多受到母亲的影响。

杨绛的母亲唐须嫈，和父亲同龄，也是无锡人。知书达理，是一位典型的中国传统女性。她毕业于上海著名的女子中学——务本女中。和她一起做了同学的还有杨绛的三姑妈杨荫榆，以及后来成为章太炎夫人的汤国梨。

唐须嫈为人低调，杨家是个大家庭，子女众多，又兼后来两个姑母也和他们一起住，家庭关系之复杂可想而知。

杨绛的姑母脾气古怪，难伺候，就连下人们都受不了，跟太太唐须嫈抱怨：再这样，她们可要走了，实在做不下去了。

这种时候，都是唐须嫈出面来抚慰她们，调解大家的关系。此外，一大家子吃喝拉撒，什么事情都靠母亲一手操办。缺衣少食了，永远找这个闲不住的母亲。在杨绛的记忆里，母亲总是在忙，很少有清闲的时候。一边做针线活儿一边看小说就算是她的休息时间了。很多年后，这种"绝活"被杨绛所继承。

有一年冬天，晚饭后，外面忽然刮起大风来。母亲说："啊呀，阿季（即杨绛）的新棉衣还没有拿出来。"就是这样一句寻常话，然而那一次却被杨绛听进了心里。她独自躲在暗处，悄悄地抹眼泪。她不明白自己为什么要哭。她只是瞬间长大了，懂事了。

唐须嫈温和宽容的个性，犹如润滑剂一般让这个大家庭少了不少摩擦。所有的孩子她都疼爱有加，和颜悦色，从不对孩子们疾言厉色。

母亲喜欢看《聊斋志异》之类的小说，也爱看新小说。有一次，她看了几页绿漪女士写的《绿天》，说道："这个人也学着苏梅的调儿。"

杨绛听了又惊又佩服，告诉母亲说："她就是苏梅呀。"母亲忙里偷闲，看看书，竟然能从众多女作家里辨别出某位作家的调子，这种洞察力不能不说敏锐。

杨绛的父母虽是旧式婚姻，但是却极为罕见地恩爱融洽，两个人一辈子总有说不完的话。杨绛后来深情地回忆道：

我父母好像老朋友，我们子女从小到大，没听到他们吵过一次架。旧式夫妇不吵架的也常有，不过女方会有委屈闷在心里，夫妻间的共同语言也不多，我父母却无话不谈。他们俩同年，

1898年结婚。当时我父亲还是学生，从他们的谈话里可以听到父亲学生时代的旧事。

他们往往不提名道姓而用诨名，还经常引用典故——典故大多是当时的趣事。不过我们孩子听了不准发问。"大人说话呢，老小（无锡土话，指小孩子）别插嘴。"他们谈的话可真多：过去的、当前的，有关自己的、有关亲戚朋友的，可笑的、可恨的、可气的……他们有时嘲笑，有时感慨，有时自我检讨，有时总结经验。

两人一生中长河一般的对话，听来好像阅读拉布吕耶尔的《人性与世态》。他们的话时断时续，我当时听了也不甚经心。我的领会，是由多年不经心的一知半解积累而得。

我父亲辞官后做了律师。他把每一件受理的案子都详细向我母亲叙述：为什么事，牵涉什么人等等。他们俩一起分析、一起议论。那些案件，都可补充《人性与世态》作为生动的例证。

多年后，杨绛在和钱锺书前往欧洲的轮船上，因为一个法语单词的发音争执半天。后来，他们找到了一位懂英语的法国太太来做裁判。结果是杨绛赢了。然而，她却半点儿也开心不起来。她从小耳濡目染父母的相处之道，中国人最讲究一个"和"字，何况夫妻之间多的是鸡毛蒜皮的小事，少有大是大非的判断题。

这时候，两个人若坚持凡事都要争个你死我活，真是伤感情，也完全没有必要。因为，没有赢家。这件小事给杨绛留下很深的

印象。此后一生，她和钱锺书相濡以沫，再无争吵，不能不说是
自童年始她就接受了如何持家的这一课。

跟随你的脚印

民国初年，杨荫杭出任江苏省高等审判厅厅长一职，一家人
生活在有东方威尼斯之称的苏州古城。后来因本省人士要回避本
省官职，杨荫杭就任浙江省高等审判厅厅长一职，一家人又生活
在杭州。不久，因父亲坚持司法独立，得罪省长屈映光，杨荫杭
被人诬告"此人顽固不灵，难与共事"。若不是袁世凯的机要秘
书是他在北洋公学时的同窗好友，杨荫杭非但丢官，恐怕人身安
全也难保证。

袁世凯亲笔写了四个大字"此是好人"，这才挽救了他。他
随后被调往北京任职，举家跟着他的职业变动，又拖儿带女地北上。

小杨绛五岁开蒙，读的是北京女子高等师范学校附小。当年
女师大的校长正是她的三姑母杨荫榆。杨荫榆婚姻不幸，从夫家
出走后就一直单身，靠的是哥哥杨荫杭一手培养。她走的也是和
杨荫杭差不多的路线。先是在日本留学，后到了美国留学，归国
后一心想要在教育事业上有一番作为。

用杨绛的话来说，那时的姑母还不是个脾气怪癖的人，那时

的她还是姑母所喜欢的孩子。

我记得有一次我们小学生正在饭堂吃饭，她带了几位来宾进饭堂参观。顿时全饭堂肃然，大家都专心吃饭。我背门而坐，饭碗前掉了好些米粒儿。三姑母走过，俯耳说了我一句，我赶紧把米粒儿拣在嘴里吃了。后来我在家听见三姑母和我父亲形容我们那一群小女孩儿，背后看去都和我相像，一个白脖子，两撅小短辫儿；她们看见我拣吃了米粒儿，一个个都把桌上掉的米粒儿拣来吃了。她讲的时候笑出了细酒窝儿，好像对我们那一群小学生都很喜欢似的。

小时候的杨绛是个讨人喜欢的孩子，活泼快乐，模样清秀，白净净的煞是喜人。父亲在北京先后任职京师高等审判厅厅长、京师高等检察长、司法部参事等职，公务缠身，很少有机会陪伴她。

好在有女高师的学生，她们会带着杨绛到大学部玩耍。陪她荡秋千，荡得很高很高，小小的她又是兴奋又是害怕。但是，小人儿已经知道了要面子，害怕从来不肯说出来。

有一次，女高师连演三天戏，她们需要一个小花神，小杨绛被请去饰演戏里的花神。她被人家用心打扮，在众人面前上台表演，大家都围着小花神，众星捧月的感觉令小人儿十分得意。她的天真可爱为她赢得了所有人的欢喜。

童真的时光如指间流沙，不知不觉间渐渐溜走。如果不是后来的一场变故，小杨绛的童年大约就在北京度过了。

父亲在北京任职不久，"旧疾复发"，这一次他得罪的人是交通总长许世英。一个人的个性一旦养成，总也是难改的。就像杨荫杭的刚正，他对司法公正的维护之心，使他一次又一次地触犯权贵。他非但没有"吃一堑长一智"，反而"变本加厉"，总是尽可能地行使手中的司法权杖。

　　许世英受贿被捕，在 1916 年 5 月。国务会议认为许世英没有犯罪的证据，反要追究检察长杨荫杭的责任；许世英宣告无罪，他随即辞去交通总长的职务。我想，父亲专研法律，主张法治，坚持司法独立；他小小的一个检察长——至多不过是一个"中不溜"的干部，竟胆敢拘捕在职的交通部总长，不准保释，一定是掌握了充分的罪证，也一定明确自己没有逾越职权。1919 年他辞职南归，没等辞职照准。（杨绛《回忆我的父亲》）

　　就这样，小杨绛不得不告别她快乐无忧的北京童年，开始跟着父母南归。

桨声灯影里的流年

　　杨绛记得那是一个清晨，她在院子里玩耍，突然就被告知他们要举家南归了。

　　来不及告别，那些童年的小伙伴，那些带给她人生最初欢愉的一草一木，这些都令小小的她感到些许忧伤。有关人生，她第一次尝到了复杂的滋味。那是离别的味道。在前往火车站的路上，她遇见一个平素交往并不多的同学。可能借着离别的愁绪，她忽然间生出别样的深情来，心里暗暗希望能借着这个同学，告诉她班里的小伙伴们，她要南归了。

怀着这份惆怅的心情，她看见了月台上人头攒动的人群，那些都是自发来为父亲送行的人们。"有一大堆人——不是一堆，是一大片人，谁也没有那么多人送行，我觉得自己的父亲与众不同，很有自豪感。"

那时从北京到无锡，真可算得上舟车劳顿。他们要先坐火车到天津，然后乘坐轮船到上海，再换一种拖船，从上海到无锡。

这样一路，一个大家庭，人口众多，其辛苦和劳累程度可想而知。孩子们又多，码头又乱，人多口杂。一向照应全家人的母亲累倒了，她晕车，吐得七荤八素。照应孩子们的重担自然就落到了父亲的肩上。

"上海码头乱得很，'老小'要听话。"母亲的乡音抚慰一家人行旅的劳顿。经过一番折腾，他们终于回到了无锡。

他们的家，一所新租来的房子，厨房的外面就是一座桥，杨绛可以不用出家门就能看到桥下来来往往的船只。这对于刚从北方归来的她来说，实在太过新奇。江南，人家尽枕河。那些诗画里的江南，第一次这样贴近自己的脉搏。

她要读书了，进了当地一所小学，名叫大王庙小学。也不知先前供奉的是什么王，因着有一座庙，所以干脆就叫大王庙小学。

学校很小，教室只有一间，几个年级的孩子一起读书。教员更少，只有两个人。一个是校长，一个是老师。然而，这么少的教员中，居然还有一位惹人厌憎的。这位老师姓孙，因着一个葫芦瓢似的头，背地里学生们都喊他"孙光头"。

孙光头喜欢拿教鞭打人，几乎所有的学生都挨过他的打。因此，学生们很讨厌他。但他唯独没打过杨绛和她的弟弟。这倒不是因为他们真的比别人乖巧伶俐，而是因为孙光头以为他们毕竟是当官人家的子女。

这个孙光头不仅爱打学生，上起课来，水平也"惊人"。

在大王庙读什么书，我全忘了，只记得国文教科书上有一课是："子曰，父母之年，不可不知也……"，"孙光头"把"子曰"解作"儿子说"。

但是大王庙小学依然带给杨绛快乐的回忆，那些童稚的时光，游戏的时候最是有趣。

我和女伴玩"官、打、捉、贼"，我拈阄拈得"贼"，拔脚就跑。女伴以为我疯了，拉住我问我干什么。我急得说：

"我是贼呀！"

"嗨，快别响啊！是贼，怎么嚷出来呢！"

我这个笨"贼"急得直要挣脱身。我说：

"我是贼呀！得逃啊！"

她们只好耐心教我："是贼，就愤愤儿坐着，别让人看出来。"

又有人说："你要给人捉出来，就得挨打了。"

我告诉她们："贼得乘早逃跑，要跑得快，不给捉住。"

她们说："'女老小姑则'（即"女孩子家"）不兴得'逃快快'。逃呀、追呀是'男老小'的事。"

我委屈地问："女孩子该怎么？"

一个说："步步太阳。"（就是古文的"负暄"，"负"读如"步"）

一个说："到'女生间'去踢踢毽子。"

大庙东庑是"女生间"，里面有个马桶。女生在里面踢毽子。可是我只会跳绳、拍皮球，不会踢毽子，也不喜欢闷在又狭又小的"女生间"里玩。

快乐的时光转瞬即逝。但当时的记忆却历久弥新。半个世纪都过去了，杨绛依然记得那时的感受。回忆道："我在大王庙上学不过半学期，可是留下的印象却分外生动。直到今天，有时候我还会感到自己仿佛在大王庙里。"

一枚没有忧愁的邮票

孩子是没有忧愁的，像一枚充满希望的邮票，不论经过多少里路，经过多少双手，他们首先感到的总是新鲜好奇，而非愁绪和苦恼。

童年时，孩子最盼望的也许就是过节了，因为可能会有可口的美食和令人羡慕的美服。然而，窘境中的父母，最惧怕的就是这个了。但他们没法对孩子们言明，那巨大的压力便如达摩克利斯之剑高悬于头顶。对此，年龄尚小的孩子一无所知。

小杨绛也是如此。

他们回到无锡不久，家里的"要紧人"（无锡话里指养家人）杨荫杭突然就病倒了。来势汹汹却又莫名其妙，检查不出病因。杨荫杭因为在国外生活学习过，又读了大量的西方典籍，将愚昧落拓的旧中国和欣欣向荣的西方一对比，难免不痛心失望。他笃信西医，生病的话，死活是不肯要中医来诊治的。

他只是发烧，情形越来越严重。当年的无锡城，全城只有一个西医，那是一位外国人。他每次来都是抽血，然后取一点大便，因为当时条件所限，他要送到就近的上海去化验。这一来一回，就要一个星期才有结果。

假如能有结果倒也是好事，问题是没有。反复检查了两次，愣是什么病因也没找到。杨荫杭彻底病倒了，发烧不退，严重的时候神志已经不太清醒。

一家人心急如焚。母亲唐须嫈实在忍不住，自作主张地请了无锡城里一位有名的中医来把脉。医生一把脉就十分确定地说得了伤寒病。

唐须嫈流泪恳求他开个方子，医生却摇摇头拒绝了。可想而知，杨荫杭当时的病已经严重到怎样的地步。医生不开方子，就意味着"无药可救"了，大抵是可以准备后事的意思了。

杨绛后来回忆道：

　　我还是小孩子，不懂得人生疾苦。我父亲正当壮年，也没估计到自己会病得几乎不起。据说租住那所房子的几个住户都得了很重的伤寒症，很可能河水有问题……西医又过了一星期才诊断是伤寒。父亲已经发烧得只说昏话了。他开始说的昏话还是笑话。他看我母亲提了玻璃溺壶出去，就说："膦膦，她算做了女官了，提着一口印上任去了！"可是昏话渐渐变为鬼话，说满床都是鬼。家里佣人私下说："不好了，老爷当了城隍老爷了，成日成夜在判案子呢。"

　　如此这般，几乎到了病入膏肓的地步，一家人乱作一团。中国人都知道，人在行将就木的时候，会说胡话，尤其会看见"鬼"。杨荫杭的这个表现像极了大限将至的人。家里的顶梁柱要倾覆了。这个家也面临"灭顶"之灾了。然而，小孩子们还不懂得生死的厉害，也不会想到死神此刻就站在自己父亲的身后，仿佛随时准备带走他。

　　我记得有一夜已经很晚了，家里好像将出大事，大家都不睡，各屋都亮着灯，许多亲友来来往往……我父亲的老友华实甫先生也是有名的中医，当晚也来看望。他答应我母亲的要求"死马当活马医"，开了一个药方。那是最危急的一夜，我父亲居然挣扎过来。我母亲始终把华实甫先生看作救命恩人。西医却认为我父亲自己体力好，在"转换期"战胜了病魔。不过无论中医西医，都归功于我母亲的护理。那年大除夕，我父亲病骨支离，勉强能下床走几步。他一手扶杖，一手按着我的头，慢慢儿走到家人团坐的饭桌边。椅里垫上一条厚被，父亲象征性地和我们同吃了年夜饭。

在当时，谁都害怕杨荫杭真的一病不起。来看望的亲友无一不摇头叹息，这是家里的要紧人呀。那时的杨荫杭不仅要养活自己的妻儿，还要养活杨绛的一位婶子和一个堂妹。因为她的叔父走得早，留下的妻女自然而然地落到杨荫杭的肩上。

杨荫杭满以为自己南归后可以另找工作养家，却不料生了这样一场大病。用杨绛的话来说："当时的社会，病人哪有公费治疗呢！连日常生活的薪水都没个着落呀。"所幸的是，杨荫杭有两位旧友时常来看望他们，资助他们。

不敢想象的是，杨荫杭若一病不起，这位文学史上的才女又将迎来怎样的人生。对此，杨绛自己也是有过设想的。"我常想，假如我父亲竟一病不起，我如有亲戚哀怜，照应我读几年书，也许可以做个小学教员。不然，我大概只好去做女工，无锡多的是工厂。"

杨荫杭病愈后，一家人就想着另外换个房子住。经亲友介绍，他们带着杨绛一起去看了位于流芳声巷的一处老宅。那所老房子的主人正是日后成为她夫家的钱家。

这是她第一次进钱家的门，尽管她没遇见钱锺书。

后来，她这么跟他说："我记不起那次看见了什么样的房子或遇见了什么人，只记得门口下车的地方很空旷，有两棵大树；很高的白粉墙，粉墙高处有一个砌着镂空花的方窗洞。锺书说我记忆不错，还补充说，门前有个大照墙，照墙后有一条河从门前流过。"

三月年少，伸手摘星

那时的月色，也亮，也亲

无锡在当年，毕竟是江南小城。那时，它甚至还不是一个市，只被称作无锡县。它今天所属的位置，一半为苏州管辖，一半为常州管辖。像杨荫杭这样的人才，在家乡难有施展抱负的平台。为了养活一大家子，他决计到上海去寻生活。

1920 年，不满十岁的杨绛，跟着父母迁居到有"东方巴黎"之称的上海。杨荫杭在上海谋到的职位是申报馆的副总编辑。就这样，他们离开了自己的故乡。

已经是个小大人模样的杨绛，要跟着大姐、三姐一起到上海启明女校去读书。那是一所教会学校，地址在徐家汇天钥桥路。关于这一段往事，杨绛在她的一篇名为《我在启明上学》的散文里有过绝佳的叙述。

我十岁，自以为是大人了。其实，我实足年龄是八岁半。那是一九二〇年的二月间。我大姐姐打算等到春季开学，带我三姐到上海启明去上学。大姐姐也愿意带我。那时候我家在无锡，爸爸重病则脱险，还在病中。

我爸爸向来认为启明教学好，管束严，能为学生打好中文、外文基础，所以我的二姑妈、莹姐、大姐、二姐都是爸爸送往启明上学的。一九二〇年二月间，还在寒假期内，我大姐早已毕业，在教书了。我大姐大我十二岁，三姐大我五岁。（大我八岁的二姐是三年前在启明上学时期得病去世的。）妈妈心上放不下我，我却又不肯再回大王庙小学，所以妈妈让我自己做主。

妈妈特地为我找出一只小箱子。晚饭后，妈妈说："阿季，你的箱子有了，来拿。"无锡人家那个年代还没有电灯，都点洋油灯。妈妈叫我去领箱子的房间里，连洋油灯也没有，只有旁边屋间透过来的一星光亮。

妈妈再次问我："你打定主意了？"

我说："打定了"。

"你是愿意去？"

"嗯，我愿意去。"我嘴里说，眼泪簌簌地直流，流得满面是泪……

我自己整理了小箱子。临走，妈妈给我一枚崭新的银元。我从未有过属于我个人的钱，平时只问妈妈要几个铜板买东西。这枚银元是临走妈妈给的，带着妈妈的心意呢。我把银元藏在贴身衬衣的左边口袋里。大姐给我一块细麻纱手绢儿，上面有一圈红花，很美。我舍不得用，叠成一小方，和银元藏在一起做伴儿。这个左口袋是我的宝库，右口袋随便使用。每次换衬衣，我总留心把这两件宝贝带在贴身。直到天气转暖穿单衣的时候，才把那枚银元交大姐收藏，已被我捂得又暖又亮了。

2018年的冬天，其时按阳历早已经是2019年，快到年底了，眼看着就快过年了。那个深夜，我们站在天钥桥路等待一辆出租车能带我们回到家。因为年关将近的缘故，许多出租车司机都回家了，我们居然等了近一个小时！

天有些冷，站着无聊，我们回转身看到身后的建筑上有一块文字。凑近了看，居然是启明女校的校史！那里居然是杨绛的母校！说来也是万事皆有因缘。

启明女校究竟是"何方神圣"，能让杨荫杭将自己的几个孩子送过去呢？

我们从杨绛的回忆里最能看出它的魅力来。

启明女校原先称"女塾"，是有名的洋学堂。我一到启明，觉得这学校好神气呀，心里不断地向大王庙小学里的女伴们卖弄："我们的一间英文课堂（习外语学生的自修室）比整个大王庙小学还大！我们教室前的长廊好长啊，从东头到西头要经过十几间教室呢！长廊是花瓷砖铺成的。长廊下面是个大花园。教室后面有好大一片空地，有大树，有草地，环抱着这片空地，还有一条很宽的长走廊，直通到'雨中操场'。空地上还有秋千架，还有跷跷板……我们白天在楼下上课，晚上在楼上睡觉……"

孩子的离愁是短暂的，易逝的。因为孩子对新生活的适应力明显好过成年人。就像父母和孩子的分别一样，父母因为牵挂思念孩子会抹眼泪，牵肠挂肚，直到再次见到孩子。但孩子多数不会。只要新生活比较愉快，转瞬就淡忘了对父母的思念。

不久我便融入我的新世界里，把大王庙抛在九霄云外了。我的新世界什么都新奇，用的语言更是奇怪。刚开学，老学生回校了，只听得一片声的"望望姆姆"。这就等于说："姆姆，您好！"（修女称"姆姆"）管教我们的都是修女。

启明女校对学生们的管束确实相当严。比如，吃饭不许说话，每顿饭后不许留在课堂里，要出去散步游玩，自修时若想上厕所，也得要经过姆姆的允许……如此等等，养成了杨绛后来十分自律的个性。等到晚年的时候，她回忆起启明女校的时候，总是十分动情，认为自己身上很多优良个性都得自那所学校的培养。

除了自律外，尚有待人平等和仁爱，这些都是那所教会学校所馈赠的精神礼物。杨绛一生待人善良，总是竭尽可能地帮助别人。不仅对人，就是对待一只狗、一只猫，甚至一只鸟，都是如此。她对待一切生命都有诚挚的深情。她为狗狗猫猫们都特别撰写过文章，读来令人感动。这些也跟启明时期习得的观念分不开。不过，当时的学校生活尽管快乐，但是她仍然会时不时地想家。

尤其每个月的"月头礼拜"，即每个月的第一个星期日，凡是上海的学生都打扮得漂漂亮亮的，由家里人接回去了。留下的小鬼没几个，杨绛就是其中之一。

管饭堂的姆姆知道她们不好过，便把吃剩的点心送给她们。可是，直吃得嘴角发酸，口里的糖果也解不了心里的苦。

在启明过了段时间后，有天大姐突然神秘地接她和三姐出校门。她们要去的地方在九江路的申报馆，那是父亲杨荫杭工作的地方。

能见到父亲真是太开心了！尤其父亲还带着她们一起去吃大菜。所谓大菜，在杨家，过去是挨尅。料不到今天父亲是真的带她们吃大菜。

她从未吃过西餐，不会使用刀叉。一顿饭就在装模作样、紧张又兴奋的心情中结束了。她学着父亲的样子使用刀叉，可还是学错了一样。她不知道吃汤要一口气吃完，总是吃吃停停。每每侍者想撤走她的汤的时候，她又开始吃汤了。

父亲十分温和地跟她说："汤吃不下，可以剩下。"

归途中，父亲和姐姐自然要笑话她的吃汤，问她什么最好吃。她因着紧张的缘故，早已忘了菜的滋味，只能记得冰激凌好吃。

所有过往，皆为序章

杨绛在启明，除了接受规律的作息训练外，便是仁爱的宗教思想，以及英文和法文的学习。她如饥似渴地学习，在当时并不以为有什么，也并未想到将来的功用，只是纯粹因为喜欢读书，喜欢学习。

在启明读书的杨绛是快乐而安稳的。父亲一边在申报馆任主笔，一边又重操旧业，干起了律师。母亲在上海生下了小妹妹杨必。必是八的古音，因为她排行老八，所以就取名杨必。这个妹妹后来与杨绛感情深厚，也和杨绛一样做翻译，曾在复旦大学外语系任教。

做律师，就得要有自己的办公场所，靠租来的房子显然是不够的。这倒是难倒了杨荫杭。因为杨荫杭向来不置家业，他不想为外物所累。他对子女的教育也是如此。

对此，他有一套自己的看法：对本人来说，经营家产耗费精力，甚至把自己降为家产的奴隶；对子女来说，家产是个大害。

父亲常对孩子们说："某家少爷假如没有家产，可以有所作为，现成可'吃家当'，使他成了废物，也使他不图上进。"

"我的子女没有遗产，我只教育他们能够自立。"此外，杨荫杭总是教育子女要有志气，立大志。他提过同乡一位姓陆的朋友，说他们家两个在交通大学读书的儿子有志气，逃出去做了共产党。杨绛后来回忆，其实就是陆定一兄弟。

父亲的教育思想以及对待金钱的态度，在半个世纪后显示出强大的影响力来。

一向反对置业的父亲，在养家糊口的现实面前，只好妥协了。他决定离开鱼龙混杂的上海，举家迁往苏州。为了能重操旧业，他决心用自己的律师费用，以及保险费用，买下一处房子，作为自己的事务所兼一家人生活起居的场所。

杨荫杭为人清正，为官廉洁，没有什么钱，在这个意义上，杨绛说他们家只是"寒素之家"，确实如此。因此，当杨荫杭决定在苏州置业的时候，他们自然买不起好房子，他为一家人选择了一处老房子。老到什么程度呢？

老到摇摇晃晃，几乎无法支撑，四面来风，蛛网遍布的一处明朝房子！当地人称这所房子叫"一文厅"。一文厅很有来历，传闻明朝时魏忠贤横行霸道，有人就奏报说"五城造反"，古老的苏州城就是这五分之一。得罪魏忠贤自然是人人惧怕，这时候有位徐大老爷就站出来，将"五城"改为"五人"。这样，苏州城的老百姓才幸免于难。

苏州人为了感谢这个人，大家凑钱建造了一文厅。因为传闻是一人一文钱募集的款子，因而才有了一文厅的美名。

可是，这样破败的房子要打理起来很费劲。要把破掉的房间拆掉，留下尚能居住的房间。此外，还有数不清的虫子，杂草要处理。怎么办？

杨荫杭对孩子们采取了美国式的教育方式，鼓励他们自己动手，并宣称鼻涕虫一个铜板一个，小蜘蛛一个铜板三个，大蜘蛛三个铜板一个。

唐须嫈说："不好了，你把'老小'教育得唯利是图了。"

从孩童过来的我们都清楚，这种物质鼓励的方式其实很有效。没过多久，这些讨厌的虫子就被弟弟妹妹们捉得一干二净了。母亲对待子女因劳动获得的酬劳自有办法，像我们多数人的父母一样，让孩子们把钱存到她那里，需要的时候去找她取。久了，大家都忘了向母亲"讨账"，而"银行"方面也不再有支付的意愿。只是需要用钱了，径直去要就是了。

人，得自己成全自己

杨绛在苏州读书的时候，已经是个妙龄少女。她所就读的学校叫振华女校，今天的苏州市第十中学。那年的她16岁，娇小清秀，招人喜欢。那时正值北伐战争，群情激奋。学生会时常让学生上街游行搞宣传。

任何时代，青年人总是变革的急先锋。民国时，更是如此。杨绛被推选去搞宣传，但当时的杨绛并不想参加。理由是"当时苏州风气闭塞，街上的轻薄人很会欺负女孩子"。怎么办呢？

其实，学校有规定，只要说家里不允许就可以推脱了。杨绛回家后，跟父亲杨荫杭谈论起这件颇让她为难的事情，目的是想让父亲说出那句"不同意"。这样，她就可以名正言顺地拒绝了。

熟料，一向爱女爱得不得了的杨荫杭一口回绝："你不肯，就别去，不用借爸爸来挡。"

杨绛说："不行啊，少数得服从多数呀！"

父亲说："该服从的就服从；你有理，也可以说。去不去在你。"

然后，杨荫杭就给女儿讲了自己的故事。

当年，杨荫杭出任江苏省高等审判厅厅长一职。张勋来南京，江苏全省士绅登报表示欢迎。有人未经他的同意，就将他的名字也登在报纸上。

一般人遇到这样的事情，嘴上抗议两句也就算了。哪怕是那个瞒骗他的人，估计心里也这样想。就算你不愿意又能怎样呢？反正，你的名字已经上了报纸了。

但是，杨荫杭在获知此事后，非常愤怒。他认为"名器不可以假人"，然后立刻做了一件令人瞠目结舌的事。

他在报上登载了一条启事，申明自己没有欢迎。

这样刚正不通世故的他，说完这些觉得还不够，便对杨绛说："你知道林肯说的一句话吗？ Dare to say no! 你敢吗？"

父亲的这一激将法还真奏效。杨绛被问得不好意思，只好硬着头皮回答说自己敢。这个平时害羞的小姑娘，第二天上学的时候真的这样说了。无论同学怎样说，她反反复复一句话："我不赞成，我不去。"

同学拿她没法子，只好由她去了。

后来，果然发生了无赖军人对女学生非礼的事情。那一次，幸亏杨荫杭的教育，以及杨绛的坚持。

转眼，杨绛到了中学毕业该填报志愿的时候了。那是 1928 年的夏天，心心念念想报考清华大学的杨绛却不得不面对令她失望的局面。当年的清华虽然开始招收女生，然而却不到南方招生。

杨绛只好退而求其次，就近选择了东吴大学——今天江苏师范学院与苏州大学的前身。

那时的东吴大学，不像今日，填报志愿的时候就把专业也选好了。杨绛在东吴大学读了一年书，学校才让他们分文理科。她的学习成绩一向优异，文理兼修，难分伯仲。面对这样的情况，她的老师推荐她读理科。

杨绛并不十分认同，为此烦恼了一阵子。她这样写道："我在融洽而优裕的环境里生长，全不知世事。可是我很严肃认真地考虑自己'该'学什么。所谓'该'，指最有益于人，而我自己就不是白活了一辈子。我知道这个'该'是很夸大的，所以羞于解释。"

带着苦恼和忐忑不安的心，她像往常一样，求助于她最亲爱的父亲。

她如此问道："我该学什么呢？"

父亲回答她："没什么该不该，最喜欢什么，就学什么。"人人都知道她最喜欢的是文学。

"只问自己的喜爱，对吗？我喜欢文学，就学文学？爱读小说，就学小说？"

父亲表示赞许："喜欢的就是性之所近，就是自己最相宜的。"

带着父亲的"首肯"，仿佛自己的喜爱获得了某种合法性。她回到学校后，坚定地选择了文科。

虽然她选择了文科，但当年的东吴大学文科里却没有文学系，只有法学和政治学两种可供选择。学法学，那真的是子承父业了。她也许存着这样一份心，将来帮助父亲打理一下他的律师事务，但是对中国法治深感失望的杨荫杭却第一次行使了家长的权力，坚决反对女儿学习法学。

这样，留给杨绛的只有一条路——政治学。

人生，就是这样百转千回。对政治毫无兴趣的杨绛，却一头扎进政治学里。并且，此后的大半生，中国的各种政治运动，她几乎一个不落。不知，这算不算命运对她开的不大不小的玩笑？

恰同学少年

杨绛进入东吴大学的时候，连女生宿舍都没有。好在那时的大学女生极为罕见，全校也不见得有多少，因此也就不管学什么专业，统统住进了一栋小洋楼里。那里，原是一位美国教授的住宅。

曾到访过后来的苏州大学，在曲径通幽的校园里流连忘返，校园不大，却极为幽静美丽。因为东吴大学当年是教会所办学校，住宿条件算是优越的。杨绛说："我第一年住在楼上朝南的大房间里，四五人住一屋。第二年的下学期，我分配得一间小房间，只住两人。同屋是我中学的同班朋友，我称她淑姐。我们俩清清静静同住一屋，非常称心满意。"

　　大学两人间，同屋的伴侣还是自己的中学同学，这样的事情在今天看来几乎是天方夜谭，但却让杨绛遇上了。这不能不说是幸运。尤其，这位淑姐还是杨绛的好友。一对谈得来的老朋友共处一室，谈天谈地，谈理想，谈一切有兴趣的话题，世上比这快慰的事情，真是没几桩。

　　那是栋老房子，她们的宿舍原是教授家仆人的卧室，很小。但是环境幽雅，常青藤爬在外面的窗子上，窗外花草葱茏，一派生机。

　　卧室的门是坏的，关不上，一把老铜锁几乎是个摆设。门有些歪，开关无声无息，但若要上锁却颇费点事儿。得先抬起来，然后关好，再上锁。这样麻烦，她们索性不关门睡觉。

　　当年的东吴大学对学生的教育除了文化知识外，还特别注重培养学生的体育兴趣。这样的教育课算得上是"强健其体魄，丰富其精神"了，的确是理想教育模式之一种。

　　杨绛在这样的大环境里成长，难免受到影响。体育带来的快乐同样重要。学校有各式各样的运动队伍，每个队伍里都有一个所谓的福星——类似今日的啦啦队长之类的。青年杨绛长得白白圆圆的脸蛋，身材娇小却丰满圆润，观之可亲。因而，她又理所当然地被选为福星。同学们认为，她看着就很有福气。

　　一位同学口中的"洋囡囡"，在入学不久后，参加了女子排球队。经过一段时间训练后，杨绛参加了比赛。

　　晚年的她每次想到这件事都倍感自豪快乐。"我们队第一次赛球是和邻校的球队，场地选用我母校的操场。大群男同学跟去助威。母校球场上看赛的都是我的老朋友。轮到我发球。我用尽力气，握着拳头击过一球，大是出人意料。全场欢呼，又是'啦啦'，又是拍手，又是喜笑叫喊，那个球乘着一股子狂喊乱叫的声势，竟威力无穷，砰一下落地不起，我得了一分（当然别想再有第二分）。"

千万别小瞧这一分哦。"当时两队正打个平局，增一分，而且带着那么热烈的威势，对方气馁，那场球赛竟是我们胜了。"正是靠着杨绛这关键的一分，她们球队才扭转平衡的局面，给对手致命的一击，并最终赢得了比赛。

可以想见当时的欢乐。一群朝气蓬勃的青年人，在球场上挥汗如雨，团队协作的默契、胜利的滋味，一定如蜜糖，久久不肯散去。

这滋味以至于半个世纪后，杨绛还能记得，回忆起来的时候还会说："至今我看到电视荧屏上的排球赛，想到我打过网去的一个球，忍不住悄悄儿吹牛说：'我也得过一分！'"

东吴大学的图书馆藏书丰富，从小就是书虫的杨绛，在这里找到了自己的藏身所在。又因为政治学专业非她所愿，因此她将几乎所有课余时间都用在了这里。此外，教会大学对英文教育的重视，也令杨绛受益终身。她从这里开始阅读大量的原版书籍，并尝试着翻译一些篇章。

这样，她日后成为蜚声文坛的翻译家，也就显得"有迹可循"，绝非突兀地一蹴而就。当然，她看得最多的依然是文学书籍。在东吴，她像饥饿的少女，顺手抓住一切可以"吃"的书籍。她胃口极佳，"饭量"极大。图书馆里的小说，特别是西方小说，几乎被她看了个遍。

在东吴大学的时候，她就是出名的笔杆子，并从那时起就陆续开始发表作品。

这样优秀的她，也为自己赢得了一份难能可贵的"大礼"。当年的振华女校校长王季玉，一直欣赏杨绛的个性与才华，并为她申请到了美国著名的韦尔斯利女子学院的奖学金。

在外人眼中，这是千载难逢的好机会。然而，令人没有想到的是杨绛放弃了。理由说来很残酷，一个字——钱。因为如果她注册这所女子学院，除了需要自备昂贵的路费外，每年尚需两倍于学费的钱，用于日常开销。

作为父母，自然是支持她的。并且告诉她，只要她愿意去，费用不必担心。但是，向来体贴懂事的杨绛，不愿增加他们的负担，最终谢绝了王季玉女士的好意。

一个悲伤安慰另一个悲伤

杨绛在东吴大学读书的时候，家里发生了悲剧：杨绛的大弟弟不幸病亡！其实，她曾有个二姐在上海读中学时就夭亡了。想不到过些年后，家里又遭遇此等不幸，杨绛的伤心可想而知。

　　然而，最悲伤的自然是她的父母，尤其是那个一辈子爱子女如命的慈母。接二连三的打击几乎让她倒下，白发人送黑发人，真是世上再苦也没有的事情了。

　　本已悲伤不已的杨绛，此刻却要照顾全家人，尤其要照顾悲伤的母亲，真是一个悲伤安慰另一个悲伤。

　　有一日，她和家人坐在家门口有一搭没一搭地说着闲话。不远处就听到苏州有名的算命先生，一个瞎子的"梆冈冈"的声音。她想不如请算命先生过来一趟，好借着他的口安慰一下母亲。

　　也许，瞎子说出大弟弟"命该如此"，许是能让母亲得到些许松快的慰藉。

　　他们命人请了算命先生来。二姑妈报了大弟的"八字"。瞎子掐指一算，摇头说："好不了，天克地冲。"我们怀疑瞎子知道我家有丧事，因为那天大门口搭着丧棚呢。其实，我家的前门、后门之间，有五亩地的距离，瞎子无从知道。可是我们肯定瞎子是知道的，所以一说就对。我们要考考他。我们的三姐两年前生的第一个孩子是男孩，不到百日就夭折了。他的"八字"二姑妈也知道。我们就请瞎子算这死孩子的命。瞎子掐指一算，勃然大怒，发作道："你们家怎么回事，拿人家'寻开心'（苏州话，指开玩笑）的吗！这个孩子有命无数，早死了！"瞎子气得脸都青了。

　　杨绛的家人赶紧向算命先生道歉，恭恭敬敬地招待了这位算命瞎子。杨绛的母亲当时虽然不在场，但过后杨绛细细地向她描述了过程，母亲听了也十分惊讶，而后叹息着：这都是命。

行遍千山，灵魂相遇

等你，就像等待我命运的风

杨绛在东吴大学读了几年书后，一个谁都意料不到的机会来了。

1931 年，正是杨绛在东吴大学就读的最后一年。刚刚升入大四的她，即将面临一场此起彼伏的学潮。震惊中外的"九一八"事变爆发，全国各地学生奔赴首都南京请愿，要求政府对日宣战。杨绛的母校东吴大学的学生自然也不例外。学校变成无法安宁的所在，停课，甚至连去图书馆读书也不再被允许。学生也不允许离校，每天都得排练军操。

王季玉女士得知情况后，打电话告知唐须嫘，唐须嫘便想法子去接杨绛回来。经过一番周折，杨绛和同住的周芬终于安全返家。不久后，她们随即决定北上，前往大名鼎鼎的燕京大学借读。

于是，几个男男女女的同学一道前往北京。同行的人中，除了周芬，还有一直爱慕杨绛的中学同学——他们到了大学也还是同学。这个人就是后来著名的社会学家费孝通。

原本几个同学说好了都去燕京大学借读的（当时的燕京大学

校址就在今天的北京大学），但是到了北京后，一直惦记清华大学的杨绛"改弦易辙"了。

在同学孙令衔的帮助下，杨绛成功走进了清华园。终于，她实现了当年的愿望，她成为清华园里的一员了。尽管，只是借读。

清华大学是美国用庚子赔款建立起来的一所留美预备学校，因为校址设立在清室遗园清华园而得名。起初这里叫清华学堂，辛亥革命后，改称清华学校。1925 年增设大学部。1928 年夏，正式改为清华大学。

翌年，清华大学开办研究院。杨绛在借读后，成功考取了她最喜欢的外文系。这就不能不提清华大学当时外文系的师资力量了。毕竟，正是这些教授们的影响，才有了后来的杨绛。

当时，清华大学外文系有十来个教授，他们是王文显、吴宓、温德（R.Winter）、楼光来等。系主任是王文显先生，他对外文系的学生影响十分大。从这里走出去的学生，有不少后来都从事剧本创作，杨绛成为剧作家，怕也是从这里得到最初的戏剧影响。比如洪深、李健吾、曹禺等，均是从这里毕业的剧作家。

王文显先生是江苏昆山人，本人也是剧作家，杨绛的创作和他的关系很大。王文显先生虽为中国人，却从小就被一位英国人抚养，在英国接受了良好的教育，毕业于伦敦大学。

王文显在清华外文系开设了以下课程：外国戏剧、戏剧专题研究、戏剧概要、莎士比亚研读、莎士比亚、近代戏剧……杨绛从这些卓越的课程里开阔了眼界，第一次系统地接受西方戏剧教育。并且，因王文显先生对英国文学的熟知，以及对英国文化的了解，杨绛也间接地接触了最为杰出的英语文学的熏陶。

除此之外，对她影响很大的还有吴宓先生。吴宓先生是个老清华，陕西泾阳人。他曾先后就读于美国的弗吉尼亚大学英文系、哈佛大学比较文学系，师从当年英语文坛上赫赫有名的名师白璧德先生。

吴宓也是钱锺书的老师。他在清华开设了古代文学史、西洋文学史分期研究、中西诗文比较、诗译、西洋文学概要、欧洲文学史、英国浪漫诗人、文学与人生等课程。

杨绛选修过吴宓的中西诗文比较、翻译术，由她选听的课程可知，杨绛走上翻译的道路是有迹可循的。从那时，她就对翻译显示出浓厚的兴趣。

这位亲爱的老先生，在杨绛的回忆里是这样的：

我考入清华研究生院在清华当研究生的时候，钱锺书已离开清华。我们经常通信。锺书偶有问题要向吴宓先生请教，因我选修吴先生的课，就央我转一封信或递个条子。我有时在课后传信，有时到他居住的西客厅去。记得有一次我到西客厅，看见吴先生的书房门开着，他正低头来回踱步。我在门外等了一会儿，他也不觉得。我轻轻地敲敲门。他猛抬头，怔一怔，两食指抵住两太阳穴对我说："对不起，我这时候脑袋里全是古人的名字。"这就是说，他叫不出我的名字了。他当然认识我。我递上条子略谈锺书近况，忙就走了。

锺书崇敬的老师，我当然倍加崇敬。但是我对吴宓先生崇敬的同时，觉得他是一位最可欺的老师。我听到同学说他"傻得可爱"，我只觉得他老实得可怜。当时吴先生刚出版了他的《诗集》，同班同学借口研究典故，追问每一首诗的本事。有的他乐意说，有的不愿说。可是他像个不设防城市，一攻就倒，问什么，说什么，连他意中人的小名儿都说出来。吴宓先生有个滑稽的表情。他自觉失言，就像顽童自知干了坏事那样，惶恐地伸伸舌头。他意中人的小名并不雅驯，她本人一定是不愿意别人知道的。吴先生说了出来，立即惶恐地伸伸舌头。我代吴先生不安，也代同班同学感到惭愧。作弄一个痴情的老实人是不应该的，尤其他是一位可敬的老师。吴宓先生成了众口诶笑的话柄——他早已是众口诶笑的话柄。他老是受利用，被剥削，上当受骗。吴先生又不是糊涂人，当然能看到世道人心和他的理想并不一致。可是他只感慨而已，他还是坚持自己一贯的为人。

这段文字，将吴宓老师的个性为人一一展现。除此之外，亦有杨绛自己的良善与宽厚。只有和吴宓先生一样的"老实人"才能体味到个中滋味。

在清华读书的时候，除了以上两位先生，朱自清先生对杨绛的影响和帮助也很大。杨绛在朱自清的课上，写过一篇文章，名为《收脚印》。这篇文章清新典雅，情与理兼具。后来经过朱自清的推荐，发表在当时的《大公报·文艺副刊》上。

这是杨绛公开发表的第一篇作品，可以说正是朱自清发掘了杨绛文学创作方面的才能。

惊鸿，似是故人来

1932 年的春天，对许许多多的中国人来讲，只是个寻常的春天，但对钱锺书和杨绛两位来说，则是不同寻常的。所有的故事，都从那个烂漫的季节开始。杨绛在清华园里第一次遇见钱锺书。

这一年，杨绛刚从温润的江南来到北平。这座古都还留有她童年的印象。她和东吴大学时的几位好友约好了在燕京大学借读。可是，她实在太爱清华了。她在见了好友蒋恩钿之后，便决定申请在清华借读。

或许，这就叫命中注定。

后来，杨绛的母亲唐须嫈说："阿季脚上拴着月下老人的红丝呢，所以心心念念只想考清华。"

那一天，春意盎然。清华园里的丁香、紫藤散发着迷人的幽香，像是为一场 20 世纪的旷世相遇尽情绽放它们朴素优雅的美。

杨绛去看望同来清华借读的老同学孙令衔，而孙令衔那天要去看望她的表兄。这位表兄不是别人，正是日后蜚声文坛的钱锺书。

当时，清华的女生宿舍在古月堂。校规自然是不允许男生进入女生宿舍的，孙令衔带着表兄站在古月堂门外。

杨绛则一头闯进了自己的命运。后来她回忆说："我刚从古月堂钻出来，便见到了他。"

那个名满清华的桀骜才子钱锺书，那个喜欢口无遮拦臧否人物的钱锺书，此刻就站在她的面前。很多年后，她在《记钱锺书＜围城＞》中讲述了她初次见到钱锺书的印象："只见他身着青布大褂，脚踏毛布底鞋，戴一副老式眼镜，满身儒雅气质。"

这是从心底生出的欢喜。通身儒雅，比任何语言都满。她向世人宣告了她的意中人是这样一个人：博学多闻，优雅绅士，一派天然公子的气质。

这是饱读诗书的世家子弟才能养成的气度。

钱家世居江南，在无锡是名门望族——当然，这个望族在当时来说不免算是个破落户了。祖上的荣光早已褪色，到了祖辈父辈，已经完全是清贫的读书人了。

钱锺书的父亲钱基博是一代大学者，对钱锺书的培养极为严格，因为照他来看，这个儿子是个读书的料，是他可以寄予厚望的。

钱锺书确实不负众望。20 岁的时候，他凭借优异的中英文考取了清华大学。关于他的入学，还颇有个小传奇。当年的他数学不好，只考了 15 分。但是时任清华校长的罗家伦爱惜他的才华，于是破格录取。

在清华，钱锺书是人所共知的大才子，时常在《清华周刊》上发表文章，为他的才华和魅力倾倒的人自是不少。然而，像他那样清高骄傲的人，又怎会随随便便找个人谈恋爱呢？

于是，钱锺书就每日往返于图书馆、教室之间了，埋首于书中。

直到遇见了他生命中的伴侣——杨绛。他是必得遇见一个能理解他，能够精神交流的女性，才肯低下他那骄傲惯了的头的。

杨绛眼里的他如此儒雅，多年后，他们的女儿钱瑗曾好奇地追问他们为什么会爱上对方，尤其这个爸爸那么"憨"，单从外表上可一点儿也看不出有什么过人之处。

杨绛对女儿形容初见钱锺书的时候，眉宇之间"蔚然而深秀"。好的爱情像一面镜子，照出两个人美丽的身影。钱锺书则显得很神秘，只肯微笑着告诉钱瑗，"她与众不同"。怎么个与众不同法，他没说。只可意会。

但，也许我们可以从他人到中年后的一首回忆初见的诗中见出端倪。

> 缬眼容光忆见初，
>
> 蔷薇新瓣浸醍醐。
>
> 不知靧洗儿时面，
>
> 曾取红花和雪无。

记忆里的杨绛，皮肤白皙光洁，红润如新开的蔷薇花瓣，粉嫩诱人。"不知靧洗儿时面"，杨绛解释说："锺书的诗好用典故，诗中第四句红花和雪的典故来自北齐崔氏的洗儿歌，说的是春天用白雪、用红花给婴儿洗脸，希望孩子长大后脸色好看。"

多么诗情画意！腼腆雅致如一朵小花的杨绛，此刻绽放了。

少女情怀总是诗。当我们喜欢一个人的时候，就会对那个人的一切都感到好奇，总想知道更多关于他的事情。

　　杨绛也是如此。在她打探钱锺书的时候，她不知道钱锺书也在打探她的一切。可是，探听后的结果让两个人都很受挫。杨绛得到的消息是钱锺书早已有婚约了。这不啻是一个晴天霹雳！

　　而钱锺书得到的消息则是杨绛有男朋友了。她的"男朋友"就是从中学一直到东吴大学，以及后来一路北上的同学。

　　顺着寻常的道路，也许，他们的故事还没开始就该结束了。然而，他们不是寻常的大多数。两个人的内心忍受着嫉妒、委屈、失落的煎熬，还是相约再见一面。

　　再见面的时候，钱锺书的第一句话是这样的："我没有订婚。"杨绛的则是："我也没有男朋友。"两个人争着向对方解释，唯恐错失机会。

　　误会消解，乌云散去，晴空万里。

一种相思，两处闲愁

　　确立恋爱关系的钱杨二位，即便同在清华园，也是音书不断。为的是两人一起散步见面时，因羞涩无法出口的情话，唯有书信能够表达。清华园里的邮筒见证过他们的爱情，尤其是钱锺书。他写信很勤，但杨绛却不太肯回信。这倒不是杨绛的所谓欲擒故纵，更不是因为害羞，原因说来简单到令人难以置信。那就是她不爱写信。她的这个习惯，后来在《围城》里就被钱锺书直接嫁接到唐晓芙的身上了。有关这一点，钱锺书在一首诗里这样写道：

依穰小妹剧关心，贤瓣多愤一往深。

别后经时无只字，居然惜墨抵乘金。

钱杨珠联璧合自不待言，但两个生命毕竟在趋同的同时也显示出某种异质性。钱锺书不仅爱写信，写起来还文采飞扬，又特别快。这一点，后来他们的朋友作家罗洪回忆道："钱锺书待人非常热络，杨绛是很少讲话的。他们住在三里河的房子，书房很小，里面都是书……钱锺书写起东西来快得不得了，（很多手稿）杨绛要帮他整理。"从这简单的两句话里我们看见的是两个爱读书的伴侣，个性互补。其实，从两位的行文风格里也能看出来。钱锺书灵活热烈，想来在恋爱的时候，他时时主动，也算是情理之中的。

当时，杨绛结束在清华的借读生涯，并获得东吴大学的金钥匙奖后，钱锺书为了日后两人还能相聚相守，便建议她再补习一段时间，好考取清华大学的研究生。杨绛听从了他的建议，并跟着他一起学习外语。

可是等到学期结束，钱锺书回家后，杨绛独自在校园里学习生活的时候便感到相思之情的入骨销魂。那个人的名字和他所在的地方，仿佛是圆心，无论你走到哪里，心总会被那里牵绊，难以挣脱。

杨绛，这个后知后觉的恋爱中的女人，此时才明白她是在恋爱无疑了。

但生性谨慎持重的她，又对自己说才认识几个月，就这样是不是太造次了？

杨绛回到苏州后，难耐相思之苦的钱锺书提出订婚的请求。谁也没想到，他的请求遭到了拒绝。

那时的杨绛在苏州一所小学里担任教师，教务繁忙。更兼她想考取清华大学的研究生，备考任务繁重。她得好好恶补一番，一年时间，将清华本科生四年的课程全部读完，还得在工作之余，其难度可想而知。因此，钱锺书一封又一封急切热烈的情书，她多数"懒得理会"，很少回复。可是，不见回复的钱锺书却急坏了，难耐思念和这种忐忑不安的心情的折磨。也就是在这段时间，钱锺书写下了很多有李商隐风致的诗歌。后来发表在《国风》半月刊上。随意抄录二首，即可想见钱锺书的情与爱。

> 良宵苦被睡相漫，猎猎风声恻恻寒。
> 如此星辰如此月，与谁指点与谁看？

> 缠绵悱恻好文章，粉恋香凄足断肠。
> 答报情痴无别物，辛酸一把泪千行。

但是，钱锺书并没有将自己的恋情"报告"给他的父亲钱基博。杨绛那时自然也觉得时候未到，默默不语。可是钱锺书一封又一封诚挚逼人的信件飞到苏州，杨绛再也坐不住了。她被这热烈的爱所感动。离别，恰如情人的争吵，并不都是害处。

有时，正是那一点距离，那一点难过使我们看清了自己的心，才会明白对方在自己生命中的位置。杨绛在这样的情况下，恢复了和钱锺书的通信。

不料，她的一封信却落在了以严厉、传统、迂阔闻名的钱基博手中。钱老先生在好奇心的驱使下，悄悄拆开了杨绛的信，看完却喜不自禁，连连称赞："此诚聪明人语！"杨绛究竟写了什么，让这位博学而守旧的老爷子如此赞赏呢？

原来她在信中这样写道："现在吾两人快乐无用，须两家父母兄弟皆大欢喜，吾两人之快乐乃彻始彻终不受障碍。"杨绛这番重视家庭、尊重长辈意见的信件，自然是令钱基博"赞赏有加"。

行遍千山，不如归来看你

钱父钱基博在看了那封信后，也没经过钱锺书的同意，情不自禁地给杨绛回了一封信，将儿子郑重地托付给杨绛。钱父是真名士自风流，钱父身上大有中国传统士人的风范。

另一方面，一直期盼苏州"召见"自己的钱锺书，在得到杨绛邀请的书信后，十分紧张。

1933 年初，带着思念和爱，也带着期待和忐忑的钱锺书，独自来到苏州。

中国人有句俗语——丈母娘看女婿，越看越有趣。但杨绛家里，决定钱锺书爱情生死命运的更多是老丈人杨荫杭。杨绛说："锺书初见我父亲也有点怕，后来他对我说：'爸爸是"望之俨然，即之也温"。'"其实，杨荫杭对未来女婿的第一印象极好，将他视为乘龙快婿。

杨荫杭的原话是"人是高明的"。言简意赅，只此一句。钱锺书得了这句话，如同"圣旨"，趁热打铁，欢天喜地地带着钱基博前往苏州杨家提亲。此行，是为了两个人的订婚事宜。他们甚至连媒人都请了，一位杨荫杭的老友。

双方家长见过后，订婚的事情也就水到渠成了。杨绛后来回忆道：

五六十年代的青年，或许不知"订婚"为何事。他们"谈恋爱"或"搞对象"到双方同心同意，就是"肯定了"。我们那时候，结婚之前还多一道"订婚"礼。而默存和我的"订婚"，说来更是滑稽。明明是我们自己认识的，明明是我把默存介绍给我爸爸，爸爸很赏识他，不就是"肯定了"吗？可是我们还颠颠倒倒遵循"父母之命，媒妁之言"。默存由他父亲带来见我爸爸，正式求亲，然后请出男女两家都熟识的亲友作男家女家的媒人，然后，（因我爸爸生病，诸事从简）在苏州某饭馆摆酒宴请两家的至亲好友，男女分席。我茫然全不记得"订"是怎么"订"的，只知道从此我是默存的"未婚妻"了。那晚，钱穆先生也在座，参与了这个订婚礼。

在订婚宴上，杨绛第一次见到钱穆先生，家人将她介绍给钱先生，托他在随后的北上途中照顾杨绛。

而钱锺书为了申请到去英国留学的庚款奖学金，不得不先去教两年书。因对方有要求，必须两年社会实践。这样，钱杨在匆忙订婚后，又面临离别之苦。

杨绛已考上了清华的研究生，必须回到北方完成学业。钱锺书则在上海光华大学外文系任讲师，同时兼任国文系教师。

北上的火车上，钱穆因其博学的知识、丰富的阅历，一路上几乎扮演"导师"的角色。他跟杨绛谈人生、谈学问。突然，他说："我看你是个有决断的人。"

杨绛问他，何以见得。

钱穆的观察细致入微。他说杨绛的行李简单，由此可见她能够选择。他们俩买的是三等座，长途漫漫，让两个原本还稍显陌生的人渐渐熟识了。火车上吃饭的时候，最是尴尬。她还是个年轻的女学生，食量小，又因为过去生活环境所致，十分喜欢清洁讲究。她吃不惯火车上的饭菜，便带了点饼干和水果。她邀请钱穆先生一起食用。钱穆客气得很，总是婉拒。停车的时候，沿途有叫卖各类豆腐汤小吃的，杨绛发现他捧着那些吃得津津有味，便假装没看见。

钱穆的朴素和简朴令杨绛敬佩，大概也是因钱穆先生的经济状况所致。火车经过蚌埠，窗外景色寂寥平庸，无山无水。杨绛感慨道："这段路最乏味了。"

钱穆说："此古战场也。"

一句话让杨绛的心里起了巨大的变化。因为可以遥想金戈铁马，凭吊江山易主人事代谢，一场古老的战争令窗外平庸无奇的土墩也有了历史庄严的苍凉感。

沿途，就这样，每到一处，钱穆就给杨绛讲讲那里的历史掌故，旅途也就不再枯燥乏味了。虽然，到京后两个人没有再联络，但后来每当她往返北京苏州的时候，只要路过那些地方，她总能想起钱穆先生当时谈笑风生的样子。

在清华读研究生的时候，爱读书的杨绛才算真的如鱼得水。清华大学藏书丰富的图书馆让她可以尽情和各类大师交流。"我曾把读书比作'串门儿'，借书看，只是要求到某某家去'串门儿'，而站在图书馆书库的书架前任意翻阅，就好比家家户户都可任意出入，这是唯有身经者才知道的乐趣。我敢肯定，钱锺书最爱的也是清华图书馆。"

钱锺书即便是深爱清华图书馆，但当时的他也是鞭长莫及了。倒是钱锺书的老师叶公超先生得以近距离"考察"自己得意门生的未婚妻水平如何。

杨绛读研究生的时候，叶公超曾托她当时的好友，后来成为陈梦家夫人的赵萝蕤女士，邀请杨绛一同到他的家里做客。杨绛心里明镜似的，这是要认识钱锺书的未婚妻呢，顺便看看是怎样的妙人儿捕获了这个清高孤傲的大才子的心。

一顿饭吃下来，两个人就算熟悉了。再见面，叶公超先生却拿出一本英文刊物，指了其中一篇，跟杨绛说《新月》杂志想要这篇的翻译。那是政论文，她虽在东吴大学时学习政治学，然而她对政论毫无兴趣。可是转念一想，大概这正是叶公超先生想要考验自己的地方。何况，她已经是钱锺书的未婚妻了。

无论如何也不能让这位昔日的清华才子在老师的面前黯淡，所以杨绛决心硬着头皮也要翻译。后来，那篇《共产主义是不可避免的吗》就在这样不服输又很忐忑不安的心境中翻译完成了。

杨绛把译稿交到叶公超先生手中，得到了叶先生"很好"两个字的评语。这篇政论文发在《新月》杂志上。这是杨绛发表的第一篇翻译作品。

杨绛这样一心为夫"争气"，倒也没辜负钱锺书赠给她的诗《玉泉山同绛》：

> 欲息人天籁，都沉车马音。
>
> 风铃呶忽语，午塔闲无阴。
>
> 久坐槛生暖，忘言意转深。
>
> 明朝即长路，惜取此时心。

这是一向喜欢闭门读书的"宅男"钱锺书，因相思难耐回京看望杨绛，杨绛带着他同游玉泉山后，他写的赠诗。

万水千山，再怎么曼妙，又怎敌与你相伴的时光？山高水长的路再难走，也不及跋涉人心之艰难，何况是住到一个人的心里？

你的名字，我的姓氏

1935 年，钱锺书在光华大学的教学已满两年，完成了英方规定的国内服务期。他决定参加留学考试。这一年的 4 月，钱锺书和 260 余名考生一起参加考试。最终确定被录取的只有 24 人。他是唯一一位被英国文学专业录取的，且分数最高。

他将自己即将留学英国的消息告诉了未婚妻，自然是想要她一起陪伴前往英国。可是还没毕业的她该如何选择呢？

杨绛仔细想了想两个人的处境和个性。她的出身虽然被她称为寒素之家，但到底是优裕的，富足可能未必算得上。钱锺书则不同，他出身自一个没落的知识分子家庭，世代读书，十分清贫。钱基博的家教比较严格传统，钱锺书又是地地道道的"书呆子"，生活完全不能自理。让他独自出国留学，作为未婚妻的杨绛自然是没法放心的。她决定和他结婚，完婚后就一同出国。

但尚未毕业的她，还有一门功课需要大考。她跟老师商量后，决定用论文替代考试。这样，她便急匆匆地提前一个月回到苏州的家。

都说亲近的人之间，会有玄之又玄的默契。越是彼此了解，越是亲密的人，越是如此。

杨绛回家的那一天中午，父亲杨荫杭正在午睡，可是刚合眼，
总感觉他最心爱的女儿季康回来了。于是，他就起身，四处看看，
不见人影，也听不到任何声响。他想着该是在母亲唐须嫈那边吧。
他跑到妻子的房间，却只见她独自在做活——这个一生都在为这
个家缝缝补补忙忙碌碌的伟大女性啊！

杨荫杭问道："阿季呢？"

"哪来阿季？"母亲说。

"她不是回来了吗？"父亲说。

母亲回答："这会子怎么会回来？"

父亲只好又回房午睡，但左睡右睡还是睡不着。

这不看见杨绛回来，父亲高兴地说："真有心血来潮这回事。"

大概杨绛在火车上想念父母，与父亲的"第六感觉"相呼应
了吧。

杨绛笑道，一下火车，心已经飞回家来了。

父亲还说："曾母啮指，曾子心痛，我现在相信了。"真是
父女俩心心相印。

钱杨两位，双方见过父母，又都得到父母的欣赏和祝福，这
样心心相印的一对，如今要完婚，自然是件大喜事。苏州、无锡
两地均办了婚礼。一边是新式婚礼，一边则是传统婚礼。

7月13日，我在苏州庙堂巷我家大厅上与钱锺书举行婚礼。
我父亲主婚。张一谷（仲仁）先生证婚，有伴娘伴郎、提花篮女
孩、提婚纱男孩。钱锺书由他父亲、弟弟（锺英）、妹妹（锺霞）

陪同来我家。有乐队奏"结婚进行曲"，有赞礼，新人行三鞠躬礼，交换戒指，结婚证书上由伴郎伴娘代盖印章。礼毕，我家请照相馆摄影师为新人摄影。新人并立大厅前廊下，摄影师立烈日中，因光线不合适，照相上每个人都像刚被拿获的犯人。照相毕，摆上喜酒，来宾入席，新娘换装，吃喜酒。客散后，新娘又换装，带了出国的行李，由钱家人接到无锡七尺场钱家。新人到钱家，进门放双响爆仗、百子爆仗。新娘又换装，与锺书向他父母行叩头礼，向去世多年的嗣父母行叩头礼（以一盆千年荟、一盆葱为代表，置二椅上）。权父婶母等辞磕头，行鞠躬礼，拜家祠（磕头），拜灶神（磕头），吃"团圆昼饭"。晚又请客吃喜酒，唐文治老先生、唐庆贻先生父子席间唱昆曲《长生殿》（定情）助兴。新人都折腾得病了。锺书发烧，病愈即往南京受出国前培训。我数日后即回娘家小住。我累病了，生外痧，又回无锡请无锡名医邓星伯看病。病未愈，即整理行装到上海。我住三姐家，不记锺书住何处。出国前，二人有好多应酬。

因为婚礼举行的时间正当酷暑，因此那情形在杨绛的回忆中不免是甜蜜里有忍俊不禁的滑稽。

结婚穿黑呢礼服、白硬领圈给汗水浸得又黄又软的那位新郎，不是别人，正是锺书自己。因为我们结婚的黄道吉日是一年里最热的日子。我们的结婚照上，新人、伴娘、提花篮的女孩子、提纱的男孩子，一个个都像被警察拿获的扒手。

这是杨绛在一篇有关钱锺书《围城》的文章里写的话。

关于婚姻，杨绛曾在晚年接受记者采访时，这样说过她心目中的理想婚姻。夫妻间最要紧的是相互理解和相互欣赏。理解得越深，欣赏也就越深。有了这个理解和欣赏在心里，那么一些所谓规矩礼仪等琐碎小事便不算什么障碍了。她一生欣赏丈夫的天才，并为此用半个多世纪的支持宽容与爱来兑现她的诺言。

钱锺书的父亲认为这个儿子的大毛病，是孩子气，没正经。他准会为他娶一房严肃的媳妇，经常管制，这个儿子可成模范丈夫；他生性憨厚，也必是慈祥的父亲。

我最大的功劳是保住了钱锺书的淘气和那一团痴气。这是钱锺书的最可贵处。他淘气、天真……这个钱锺书成了他父亲一辈子担心的儿子，而我这种"洋盘媳妇"，在钱家是不合适的。

但是在日寇侵华，钱家整个大家庭挤居上海时，我们夫妇在钱家同甘苦、共患难的岁月，使我这"洋盘媳妇"赢得我公公称赞"安贫乐道"；而他问我婆婆，他身后她愿跟谁同住，答："季康。"这是我婆婆给我的莫大荣誉，值得我吹个大牛啊！

确实如此，这位后来被钱家人称赞"上得厅堂，下得厨房，入水能游，出水能跳"的女性，她和丈夫的世纪婚姻真正值得她"吹个大牛"。

有人对他们的结合赞叹道："钱锺书、杨绛伉俪，可说是中国当代文学中的一双名剑。钱锺书如英气流动之雄剑，常常出匣自鸣，语惊天下；杨绛则如青光含藏之雌剑，大智若愚，不显锋刃。"

橹声摇月，行过故园

牛津，一个漫游者的精神飞地

完婚后的钱杨两位，不久便各自告别父母兄弟姐妹，踏上了漫长的前往欧洲求学的旅程。

当杨绛夫妇二人乘火车从无锡前往上海，经过苏州时，火车停在月台上。杨绛突然有种强烈的冲动想要回家，她不能抑制地泪如雨下。"感觉到父母正在想我，而我不能跳下火车，跑回家去再见他们一面。"

好在身边有钱锺书这样风趣幽默的人做伴，漫漫长途才显得不那么寂寞无聊。他们买的是二等舱，要在海上整整漂流一个月才能抵达英国。

两人新婚宴尔，更兼共同兴趣，一路上私语不断。钱锺书随身带了一本《约翰逊字典》，闲来无事的时候他就翻看字典，这种喜欢翻字典的嗜好他保持终身。后来，有一次杨荫杭发现女婿的这个特殊爱好，曾颇为得意地对女儿说，阿季，普天下并不只有我一个人爱读一个字一个字的书哦。

当然，这一路也并不就是两个人的甜言蜜语以及读书思考。他们的收获颇为不少，尤其钱锺书。在船上有一位南洋佳丽，颇受老外们欢迎，这个人物形象后来就被钱锺书写进了小说《围城》里，成为家喻户晓的"鲍小姐"。

他们抵达伦敦的时候，牛津大学尚未开学。二人决定在伦敦先行观光游览，熟悉一下大英帝国的人文历史与自然风光。幸运的是，他们还有靠谱的导游。

钱锺书是顶不喜欢旅游的人，从前在清华读书，几年间他于北京风光都很陌生。他有限的出游都是在和杨绛恋爱后，在杨绛的带领下才一同游览那些风景名胜。

此番在国外，他们的向导也很特别。那是先于他们就在欧洲留学的堂弟钱锺韩、钱锺纬。一家人异国重逢，分外开心。他们同游了大英博物馆以及蜡像馆和一些著名画廊。

这样，游玩一圈后，不等牛津开学，他们就急匆匆地前往牛津了。这所世界名校，很快将以其古老而深厚的学术氛围吸引住这对来自东方的年轻夫妇。

但首先给他们深刻印象的不是异域风情的建筑，也不是那些群星璀璨的校友，而是一个结结实实的"下马威"。

他初到牛津，就吻了牛津的地，磕掉大半个门牙。他是一人出门的，下公共汽车未及站稳，车就开了。他脸朝地摔一大跤。那时我们在老金家做房客。同寓除了我们夫妇，还有住单身房的两位房客，一姓林，一姓雷，都是到牛津访问的医学专家。锺书摔了跤，自己又走回来，用大手绢捂着嘴。手绢上全是鲜血，抖开手绢，落下半枚断牙，满口鲜血。我急得不知怎样能把断牙续上。幸同寓都是医生。他们教我陪锺书赶紧找牙医，拔去断牙，然后再镶假牙。

这笨手笨脚的大才子，以后的一生将给杨绛带来连绵不绝的"麻烦"。谁也想不到，他竟是个分不清左右脚、不会打蝴蝶结，甚至连抓筷子也像个孩子一样的人。

所幸的是，杨绛有的是爱和耐心，以及无尽的欣赏和理解。否则，真是没法想象，在异国他乡的他们将如何度过那几年。

有一点毫无疑问，他们来对了地方。牛津是绝佳的读书好去处，全世界无数学子心中的求学圣地。

未来如一幅绝美的画卷，他们将共同描绘属于他们的那幅画。一撇一捺，深深浅浅，都从这个英国小镇上开始了……

天堂就是图书馆的样子

杨绛曾说："我与钱锺书是志同道合的夫妻。我们当初正是因为两人都酷爱文学，痴迷读书而互相吸引走到一起的。锺书说他'没有大的志气，只想贡献一生，做做学问。'这点和我志趣相同。"

这对没有什么"大的志气"的东方夫妇，一旦到了牛津，那可真是如鱼得水。钱锺书到牛津的时候，他的所有事情校方已经安排妥当，因为他是正儿八经的庚款生。杨绛因为是自费，麻烦事儿一堆。

杨绛曾经这样想过："假如我上清华外文系本科，假如我选修了戏剧课，说不定我也能写出一个小剧本来，说不定系主任会把我做培养对象呢。但是我的兴趣不在戏剧而在小说。那时候我年纪小，不懂得造化弄人，只觉得很不服气。既然我无缘公费出国，我就和锺书一同出国，借他的光，可省些生活费。"

那时的她还是个有着婴儿肥脸蛋的姑娘，哪里懂得命运捉弄人时候的淘气呢。有时，甚至是残酷。对她而言，她千辛万苦而来，自然是要读文学。于是她跑到女子学院去申请文学名额，奈何攻读文学的名额已满。摆在她眼前的只有两个选择，要么去修历史，要么只能旁听，不拿学位。

她思量了一下，选择后者。这样她既可以照顾钱锺书的生活，也可以自由选择听课，而且还免去了考试的烦忧。自然，她这样的选择还有另一层意思。向来懂事的她，不愿增加父母的压力，"牛津的学费已较一般学校昂贵，还要另交导师费，房租伙食的费用也较高。假如我到别处上学，两人分居，就得两处开销，再加上来往旅费，并不合算。锺书磕掉门牙是意外事；但这类意外，也该放在预算之中。这样一算，他的公费就没多少能让我借光的了。

万一我也有意外之需，我怎么办？我爸爸已经得了高血压症。那时候没有降压的药。我离开爸爸妈妈，心上已万分抱愧，我怎能忍心再向他们要钱？我不得已而求其次，只好安于做一个旁听生，听几门课，到大学图书馆自习。"

牛津大学的图书馆馆藏书籍之多令他们终生难忘。在莎士比亚的时代，英国书业公司就承担了将各类新书免费送一本到牛津图书馆的义务。甚至，包括重印书。

这二人在这里才算真的到了天堂。过去，杨绛在东吴大学，苦于应付政治学专业，又因无人指导，读书有点眉毛胡子一把抓的意思。后来在清华大学，又因为要补习清华外文系的本科课程，认为自己缺漏太多，总是紧紧张张。

只有在牛津，不用考试，不用应付专业，她才第一次做了真正的"读书人"。她一生中最悠闲最快乐的日子便是在这异国他乡——假如，不算想家的话。

牛津大学拥有世界一流的图书馆，钱锺书将博德利图书馆戏称为"饱蠹楼"，真可谓神译。他们夫妇俩为了能尽可能地多读书，两人还制订了阅读计划。甚至，玩起了阅读比赛的游戏，那情景令人神往。

他们除了听课外，几乎所有的时间都泡在读书上了。他们的阅读范围特别广泛，从文学、哲学，再到心理学和史学等各类书籍，均有涉猎。图书馆环境幽雅，又极为安静。图书馆靠窗边有一排桌子，杨绛通常就坐在那里安静地读书。

他们非但在牛津的饱蠹楼里做一对书虫，他们还要去市里一家图书馆，那里以新出版的当代文学书籍为主。他们为博览古今，学贯中西，便时常去那里借了书回来看。"书非借不能读也"，果然如此。他们常常一摞书借回来，没到还书日期他们又一摞摞地还回去。当然，全都看完了。

两个人就这样比赛着读书，到年底的时候，他们还要统计这一年究竟读了多少本书。书目数字差不多，然而钱锺书读的基本是大部头。杨绛将自己读过的小册子也算进去——真是不甘心啊。中文书没有被钱锺书算进去，但杨绛是要算进去的。

钱锺书就调侃她，阿季要赖。

爱读书，自然也就爱买书，这方面几乎很少有例外。除了张爱玲。张爱玲一生都没有什么藏书，尤其是晚年她在洛杉矶的公寓里，简单到几乎看不到书，令人怀疑这究竟是不是一个作家的居所。

钱锺书自然不是这样的读书人。他爱买书，不过家里的财政大权掌握在杨绛手中。他们如果一起出去，看见心爱的图书，钱锺书不免心痒痒。杨绛考虑得就很实际——买这么多书，到时候回国怎么办呢？扔吧，舍不得；不扔吧，带不回去。

于是就建议少买，乃至不买。要么就跟他说不如下一次再来买好了。

"听话"的钱锺书果然就不买了，可是他过后一定会大呼上当。再去的时候，书早已卖掉了。气得他在日记里牢骚满腹地写下了这样的话："妇言不可听。"

他们在牛津，过的真是天堂般的日子。这段生活的闲适和富足——精神方面的愉悦和满足，以及衣食无忧的物质满足，都让他们一生怀念。

这个魂牵梦萦之地，让他们打下了深厚的文学功底，也让他们的英文水平迅猛提升。

牛津严谨而保守的治学风格，也对他们日后的为人为文有着至为深远的影响。

爱揉碎在一饭一蔬中

当时的牛津规定学生每周要在食堂用餐多少次，以此证明这个学生的确在校园里生活学习。钱锺书因为已婚，学校对他这样的人士放宽政策，从每周四五次晚饭减少到一两次即可。

他们租住在一个被他们称为老金的人家里，房客不止他们夫妇二人。老金一家为大家提供一日四餐：早餐、午餐、下午茶和晚餐。英式下午茶举世闻名。钱锺书后来一生戒不掉的一个爱好——英式奶茶，就是在英国留学时期养成的。

起初，他们为节约时间，十分满足这样的安排。但过不了多久，钱锺书那思乡的胃就开始闹腾了。他不大吃得惯那些饭菜，总想吃上一口中餐。再加上老金家的饭菜每况愈下，这令钱锺书时常感到吃不饱。即便杨绛将自己的那一份省下来一些给他吃，他依然填不饱肚子。

杨绛认为像老金家那样简单的饭菜自己也能学会。她心疼丈夫的胃，为了他的健康，为了他能安心于学业，她这个往日不问家事的大小姐，如今要学着自己做菜了。

但做菜首先要的是一个厨房，她想着他们该搬家了。某日，她看见一条租房的信息，按图索骥，她决定独自去看看。等她再去看的时候，发现广告没了。她不死心，还是按照那个地址寻了过去。

迎接杨绛的是一位爱尔兰女士，她也不说房子还有没有。只是问了杨绛一些基本问题，然后就带她上楼去了。房间在二楼，一个卧室，一个起居室。

杨绛对这里很满意，距离学校和图书馆也近。穿过一条街就是公园。第二天，她带了钱锺书一起来。除了租金要比老金那里贵一些，别的都还好。但是好在租金在他们的预算范围之内。

两个人当下决定圣诞节一过就搬过来，便和达蕾女士签订了租约。距离新居不远的地方，有一家食品杂货店。他们会去那里预定下日常所需的物品，然后店里的小伙计按时送过来。

他们像刚离开父母学着独立生活的少年，学习使用电灶和电壶。每一点小成就对他们而言都是大欣喜。搬家那天，两个人累得人仰马翻。整理衣物，整理书籍，收拾卫生，一番活忙下来，已经是深夜。

　　钱锺书累到倒头就睡。杨绛累得睡不着。

　　令人惊喜的事情发生了。第二天一早，向来笨手笨脚的钱锺书却为还在酣睡的杨绛做好了早餐。他还将一张小桌子挪到她的床前。黄油、果酱、蜂蜜，应有尽有。那顿早餐是杨绛印象最深刻最甜蜜的一次。

　　此后，钱锺书包揽了家中的早餐。因为他的作息习惯是早睡早起，杨绛的作息习惯是晚睡晚起。

　　搬进新居后，钱锺书一开始就给杨绛出了个难题，他想吃红烧肉，这可不是炒个青菜那样简单。他们当时的朋友，俞大缜、俞大𬘘姊妹，还有一些男同学，几乎都对烹饪不甚了解。一圈对比下来，似乎还数杨绛在行。但这些"好为人师"的朋友们，却在杨绛面前充起了老师。他们让她把肉煮开，然后倒掉水，用生姜酱油等作料，这样一番功夫下来，红烧肉必定能成了。

　　可是生姜和酱油在小城牛津却是稀奇货，毕竟这是中国人才爱用的两样东西。照葫芦画瓢，她按照这个方法去做，电炉子开足马力，两个人守在那里如同守候生命中贵重的礼物。

　　可惜，这样一番苦功下来，结果却是什么效用也没有。那个肉，怎么也不烂。吃一堑长一智。杨绛经过这次失败，左思右想，不知怎么就开窍了，一下子想起昔日见母亲做这道菜的样子。江南人做红烧肉是要用橙皮的，为的是让肉快熟，并且橙皮的清甜香气混合这肉香，最是美味。因为橙皮的缘故，肉腥气也随之消散。杨绛不仅想起橙皮，还想起母亲那时候做这道菜总是文火，而非猛火急攻。

再一次做红烧肉的时候，杨绛用雪利酒充当买不到的黄酒。文火取代急火，肉汤留着，慢慢熬。居然成功了！看着钱锺书大快朵颐的满足样子，杨绛非常开心。

和他一起读书是快乐，为他洗手做羹汤，也是快乐，这是另一种成就。来自世俗生活的魔法，爱也许没那么神秘不可测。因为，爱有时就隐藏在一饭一蔬中，等着我们用味蕾慢慢开启一生的爱的旅程。

"我们搬家是冒险，自理伙食也是冒险，吃上红烧肉就是冒险成功。从此一法通，万法通，鸡肉、猪肉、羊肉，用'文火'炖，不用红烧，白煮的一样好吃。"靠着这份烧菜的"天赋"，杨绛很快丰富了他们的食谱。

但唯独有一样食材，她处理不来。每次见到都犯怵。这就是活虾的处理。因为做虾得剪掉虾子的须和脚，她做这件事的时候，感觉虾子仿佛在抽搐。她急得扔掉剪子，来回不安地走动。钱锺书见状，忙询问怎么回事。"虾，我一剪，痛得抽抽了，以后咱们不吃了吧！"钱锺书跟她讲道理，说虾不会像她这样痛，他还是要吃的，以后可以由他来剪。

人间烟火色，也许就是这样，彼此搭手，彼此成就，彼此温暖，彼此依靠。

人类的全部智慧都在希望与等待中

作为新婚不久的杨绛夫妇，他们渴望两个人生命的延续。钱锺书曾对杨绛说："我不要儿子，我要女儿——只要一个，像你的。"两个相爱的人，对未来生活的希冀，莫不过如此。

一起想象拥有一个小生命，猜测婴儿的性别，给婴儿起名字，幻想婴儿叫自己一声"妈妈"，叫对方一声"爸爸"——真是，想想也美好。

当时的他们，在牛津愉快地度日。这一年是杨绛一生中最为欢快轻松的一年。假期来临的时候，他们决定来一趟旅行。他们和房东，那位爱尔兰女士约定假期回来后还将继续租住她的房子。与此同时，他们期待着假期返回后换一间更大的房子。也许，冥冥之中，他们知道他们的生活将有特别重要的变化。

他们重回伦敦，夫妻俩从公寓到海德公园，从动物园到植物园，还有读书人不能不逛的旧书店，从西区富裕的街区到穷困的东区，他们忙着这种城市里的探险。每一次都有收获。和相爱的人，去哪里都是收获。

离开伦敦，他们决定去一趟巴黎。

巴黎，这座超级大都会，曾被哲学家本雅明称为世界的首都，那时正是世界各地的知识分子和艺术家云集的所在。他们自然不肯落下。尤其，杨绛当时的兴趣在法国文学，他们就更要去一趟巴黎探险了。

在巴黎，他们见了不少老同学。也是在那一时期，钱锺书接到政府打来的电报，要他做1936年"世界青年大会"的代表。他们得去瑞士日内瓦开会。钱杨两位在巴黎的时候，经人介绍，认识了巴黎的中国共产党党员王海。他请杨绛夫妇吃中餐，也请杨绛做"世界青年大会"的共产党代表。

杨绛对此十分得意。因为过去她来牛津，多少有点沾丈夫钱锺书的光。现在，他们一起去日内瓦开会，她却有了自己的身份，这当然令人开心。

同行的人中，还有后来成为中国著名教育家的陶行知。夜晚降临的时候，陶行知教杨绛如何用科学方法辨别头顶的星空。

瑞士之行十分愉快。共产党方面的英文发言稿，出自钱锺书之手，反响不错。

从日内瓦回来后，他们的落脚点依旧是巴黎。杨绛有清华旧友在巴黎大学读书，听闻那边入学无须牛津的"吃饭制"点名。他们便想着不如及早注册，早早成为巴黎大学的学生。

1936年的秋天，他们还在牛津的时候，但是却拥有了巴黎大学留学生的身份了。代他们办理注册事宜的就是杨绛的清华旧友。

当年的他们是什么样的呢？也许从他们友人的回忆中能追寻到其昔日的身影——那是他们即将为人父母前的样子。

有一天我与思进刚将走出公寓的门堂，看见一对夫妇也走进来，正用着英语在商量着想租一间公寓。都是东方人的面孔，男的留着一小撮希特拉式的胡子，女的梳的是马桶盖的娃娃头。二十多岁的一对青年，这种打扮，人在法国，而说英语，真是不伦不类！因之引起了我和思进的注意，认为是日本人，我和思进都曾留学过日本。

这就是钱锺书和杨季康一对夫妇。

从此我们四人就做了好朋友。但时间不长，因为锺书夫妇是从英伦来度假，藉以搜集一点法国文学的资料。

我们的友谊进展很快。思进学理科，我学军事，钱氏夫妇学文学，各人的知识有相互交流的新鲜，地域跨越欧亚和日本、法国、英伦的国界，有摆不完的龙门阵！有一点是我们这四人帮所共同的，那就是我们对中国古典文学的欣赏……

"我呀！只要和锺书朝朝暮暮相会就够了！"季康拉着锺书的手，圆圆的脸，笑起来像个洋娃娃。

青年时代的钱锺书，对文学有一股奔放的思想，对于东西双方的文化都有极深的造诣，季康也不赖，真是一对天上的仙侣、人间的鸳鸯，而却是只羡鸳鸯不羡仙！

这对人间仙侣，在瑞士、巴黎一圈旅行后，回到牛津的他们发现令人又惊又喜的事降临了。杨绛怀孕了！

我 + 你 = 我们仨

自打杨绛怀孕后，他们的生活就发生了重大的变化。对于毫无经验的钱锺书夫妇来说，他们原本以为怀孕了还会和以往一样。但是，肚子里的小生命慢慢地有了自己的意愿。杨绛起先还想着照旧煮饭看书学习，后来发现非得把全部的精力都贡献给这个小家伙才可以。这个尚未出生就已经占据父母全部的爱与精力的小生命，一定对未来的世界充满新鲜与好奇。

向来凡事不操心的钱锺书，为了杨绛和腹中的孩子的生命安全，早早地到产院订下单人房。不仅如此，他还请产院的女院长推荐医生。院长问他："要女的？"院长之所以这样问，是出于对他这张东方面孔背后文化习俗的了解。

男女之大防，向来是中国人比较注意的。尤其那还是二十世纪三十年代的时候。可是钱锺书的回答令院长十分吃惊。"要最好的。"

他不在乎医生的性别，只要能保障他的妻儿安全就行。

预产期临近乔治六世的加冕日，他们的医生斯班斯先生十分希望他们能够生一个"加冕日娃娃"。但是这个小家伙似乎对英王加冕无所谓，慢悠悠地享受最后几日在母亲腹中的幸福。

1937 年 5 月 18 日，杨绛住进了产院待产。紧张、兴奋、焦虑，又充满希望地等待了一日，这个迷恋母腹的小家伙还是不肯出来见他的父母。

19 日，在各种努力均无效的情况下，为了安全起见，医生给杨绛用了药。用杨绛的说法是让她安然"死"去。其实，那不过是催产镇痛之类的药物。她就这样睡过去。等她再次醒来的时候，发现自己的腹中已经空空，浑身疼痛难忍。一动也不能动。

"怎么回事？"杨绛急忙问身边的护士。

"你做了苦工，很重的苦工。"护士这样回答道。

一个探头探脑的护士十分好奇地问她："你为什么不叫不喊啊？"

杨绛回答："叫了喊了还是痛呀。"

她们更加好奇了："中国女人都通达哲理吗？""中国女人不让叫喊吗？"其实，中国的女人也叫喊。但杨绛在生产这件事上的表现颇能说明她的个性。她身上异乎寻常的坚韧品质将在日后动荡的几十年里越加显得弥足珍贵。

一个护士终于将婴儿抱了进来，她得意地说，娃娃出生的时候已浑身青紫，是她给拍活的。小家伙是牛津出生的第二个中国婴儿。杨绛匆忙看了一眼，无力说话，又昏睡过去。

这个小家伙哭声响亮，英国人叫她"Miss Sing High"，杨绛音译过来"星海小姐"。钱锺书这一天来来回回到产院四趟。当杨绛再次清醒的时候，她见到了钱锺书。那已经是钱锺书往返于产院和公寓的第七趟了。

他们的公寓距离产院虽然不算远，然而没有公交车可以直达。因此，钱锺书来来回回靠的是他那双健康的脚。

上午，他过来的时候，产院告诉他生了个女儿，然而尚不能和妻女见面。第二趟他再来，杨绛上了药，没有醒来。第三次，他看见了杨绛。然而杨绛还处于昏睡的状态，尚未清醒。

第四次已经过了下午茶的时间，杨绛清醒了。护士抱着他等待已久的女儿，让他们父女相见。

钱锺书像所有初为人父的男人一样，得意而兴奋，将女儿看了又看，真是看千遍万遍也不厌倦。然后，钱锺书说："这是我的女儿，我喜欢的。"

后来女儿长大以后，杨绛告诉她父亲的"欢迎辞"，她很喜欢。每到她生日的那一天，钱锺书总是告诉女儿，那是母难日。所有的母亲都一样，是从生产那道鬼门关里闯过来的。曾有一个电视节目，让男人"改变"性别，体验一下女性的生活。其中一项是模拟生产的阵痛。两位健壮的男青年，信心满满地躺在那里接受痛感的袭来。一开始，他们面不改色，甚至还能和对方轻松自如地交流。随着痛感程度的增强，他们的表情狰狞，忍不住"哀嚎"，眼泪也痛得落了下来，恳求停止实验。而这，距离最后的生产疼痛指数还有很大的差距。

钱锺书所言母难日，一点儿也不假。这是对爱妻的疼爱，也是对爱女的教育。让她从小就知道母亲为了她的诞生，做了怎样的努力。这样的女儿长大了，自然也对母亲知冷知热。

远在大洋彼岸的钱基博得知他有了孙女，来信给孙女起名钱健汝，号丽英，因为女娃娃属牛，取"牛丽于英"的意思。钱锺书夫妻俩觉得这名字拗口，见女儿圆嘟嘟的十分可爱，便叫她阿圆、圆圆，大名钱瑗。

这样，他们爱的结晶便有了一个可爱又顺口的名字。后来，他们经常喊她圆圆头。

原本是我和你，就是神仙世界。如今是我 + 你 = 我们仨。有了圆圆的到来，一向孩子气的钱锺书更加淘气了。过去，他只会跟杨绛恶作剧。现在，他开始跟女儿各种玩耍。等到女儿大了的时候，他们便一起做游戏，一起大叫着，请杨绛做裁判——彼此都声称遭到对方的欺负。

这样快乐融洽的一家人，真是处处人间至暖情味。

不过，如此恩爱又喜欢孩子的钱锺书杨绛夫妇，一辈子只生了圆圆一个孩子。为何他们没有继续"追加"这项繁重却幸福的任务呢？说来也很有意思。

"锺书的'痴气'也怪别致的。他很认真地跟我说：'假如我们再生一个孩子，说不定比阿圆好，我们就要喜欢那个孩子了，那么我们怎么对得起阿圆呢。'提倡一对父母生一个孩子的理论，还从未讲到父母为了用情专一而只生一个。"杨绛如此写道。

一生一世，唯一双人

无双，赌书泼茶

我们看钱杨二位是神仙眷侣，他们自己也视对方为自己的知己伴侣，是志同道合的夫妻。他们的一生，是诗书相伴的一生。

留学欧洲的日子，他们读书竞赛，哪怕是在杨绛怀孕期间。那一年的日记里，钱锺书还写下了阿季读书书目不过关的话——自然是打趣她。他对她的恋与爱，从学问探讨到生活百科，无所不包。

在牛津，向来大名鼎鼎的大才子，却因为两门功课感到头痛万分。一个是古文书学，另一个是订书学。

教材里画上方法，教导学生怎样将整张纸折了又折，还画有如何折叠的虚线。然而，钱锺书和他的一位名叫司徒亚的同学却无论如何都叠不好。杨绛见两个大男人平时高谈阔论那样神采飞扬，此刻面对一堆纸张却像犯了错的孩子，竟然赌气似的跑到杨绛面前告状，说这教材真是岂有此理。

面对孩子气的钱锺书，杨绛真是哭笑不得。凭借女人的本能，她要过来书本，很快就明白是哪里出了差错。

杨绛告诉他们，书本上的方法和实际操作正好相反，书上画的如同镜子里的反映式。就像达·芬奇的笔记本一样，他使用的是所谓"镜像体"。自然不能按照常规的方式来理解。

钱锺书二人听罢，照着杨绛说的方法折叠，果然对了。他们见杨绛这样厉害，赶紧拉着她一起学习古文书学。杨绛找出一根耳挖子，用尖点着，一个字一个字地认。据杨绛所说，他们的考试并不难，只要求把字认得准确，不记速度，另外，稍许翻译几行字即可。但假如有错的话，错一字倒要扣掉不少分。

考试的时候，钱锺书慌里慌张，连题目要求都没看清，就急忙作答。他将整页古文字都翻译了出来，结果可想而知——他把分数赔光了，还欠下不知多少分。

钱锺书只好重考。真是令人意外地吃惊，又叫人忍不住想笑。这样的事情竟然发生在旷世大才子钱锺书的身上。

钱锺书与杨绛在一起，谈论的话题无所不包。有时，他怂恿杨绛作诗。杨绛很有"自知之明"地说她不会作诗。他就急吼吼地毛遂自荐，告诉她作诗并不难。只要让他来教她，保准一教就会。杨绛才不上这个当，她一口回绝："我不是诗人那块料。"钱锺书只得作罢。

然而，等到日后钱锺书写作的时候，需要一两首写得不那么好的现代诗的时候，依旧央求夫人现写给他，杨绛只得依着他，写了拿给他，他总是说"很好"。

他，在别人眼中是狂傲的书呆子气，然而在她看来却是一团痴气，十分可爱。杨绛心中的钱锺书从来不是狂傲的人，而是谦逊有礼、热情洋溢的人。

她，在他心中永远是人淡如菊，须臾不能离开的人生伴侣。

杨绛笔下的钱锺书，有时确实痴气十足。这痴气，或为令人忍俊不禁的孩子气，或为不通世故的书生气，或为对学问或文学认真的傻气。不论是哪一种气，她都喜欢，欣赏并接受。她最骄傲的是自己保住了他的痴气。

锺书的"痴气"书本里灌注不下，还洋溢出来。我们在牛津时，他午睡，我临帖，可是一个人写写字困上来，便睡着了。他醒来见我睡了，就饱蘸浓墨，想给我画个花脸。可是他刚落笔我就醒了。他没想到我的脸皮比宣纸还吃墨，洗尽墨痕，脸皮像纸一样快洗破了，以后他不再恶作剧，只给我画了一幅肖像，上面再添上眼镜和胡子，聊以过瘾。

有妻若此，夫复何求？

别人都说钱锺书很狂很傲，有一句流传很久的话——钱锺书瞧得起谁啊？面对这样铺天盖地的言论，作为妻子的她撰文为他辩护：

钱锺书只是博学，自信，并不骄傲，我为什么非要承认他骄傲不可呢？

钱锺书从小立志贡献一生做学问，生平最大的乐趣是读书，可谓"嗜书如命"。不论处何等境遇，无时无刻不抓紧时间读书，乐在其中。无书可读时，字典也啃，我家一部硕大的《韦伯斯特氏（Webster's）大辞典》，被他逐字精读细啃不止一遍，空白处都填满他密密麻麻写下的字：版本对照考证，批评比较等等。他读书多，记性又好，他的旁征博引、中西贯通、文白圆融，大多源由于此。

钱锺书的博学是公认的，当代学者有几人能相比的吗？

解放前曾任故宫博物院领导的徐森玉老人曾对我说，如默存者"二百年三百年一见"。

美国哈佛大学英美文学与比较文学教授哈里·莱文（Harry Levin）著作等身，是享誉西方学坛的名家，莱文的高傲也是有名的，对慕名选他课的学生，他挑剔、拒绝，理由是"你已有幸选过我一门课啦，应当让让别人……"就是这个高傲的人，与钱锺书会见谈学后回去，闷闷冒出一句，"我自惭形秽。"（I'm humbled!）陪同的朱虹女士问他为什么，他说："我所知道的一切，他都在行。可是他还有一个世界，而那个世界我一无所知。"

钱锺书就像移动的图书馆。多么幸运呀，他的伴侣和他一样，他们都嗜书如命，相互欣赏，将彼此视为自己思想的知音。世人在意的，他们偏偏很淡泊；世人追求一生难以拥有的，他们偏偏一出手就摘取了最亮的星。

多年后的杨绛曾这样写道："我是一位老人，净说些老话。对于时代，我是落伍者，没有什么良言贡献给现代婚姻。只是在物质至上的时代潮流下，想提醒年轻的朋友，男女结合最重要的是感情，双方互相理解的程度，理解深才能互相欣赏吸引、支持和鼓励，两情相悦。我以为，夫妻间最重要的是朋友关系，即使不能做知心的朋友，也该是能做得伴侣的朋友或互相尊重的朋友。门当户对及其他，并不重要。"

这样朴素的良言，对于当下的我们，也许是最为难得的。然而，道理都懂，几人笃行呢？

你在，便是心安

杨绛和钱锺书的婚姻，真可算是一本模范婚姻教科书。尽管，他们自己必定是要反对这样的说法的。然而，从他们恩爱和睦的家庭氛围中，从精神契合的交流中，我们仍然愿意这样认为。

一向"痴心不改"的钱锺书，在杨绛生产住院的那段时间可是苦死了。他向来"笨手笨脚"，一个之前连左右脚都分不清，蝴蝶结都不会打的才子少爷，如今又要应付学习，又要牵挂医院里的妻女，还要应对一个人的生活，想想都头皮发麻。

他时常闯祸。那些不大不小的祸事，常常让他苦不堪言。他像个失去"母亲"的孩子，一下子没有人庇护他，照顾他，他把好端端的日子过得颠三倒四起来。他去见杨绛的时候，经常苦着脸对杨绛诉苦。

老老实实对着妻子"招供"："阿季，我做了坏事了。"外人若听到这样的话必定大吃一惊。什么样的事情能够称得上坏事呢？

　　原来不过是他打翻了一瓶墨水，墨水将房东家的台布弄脏了。可是，这在这个孩子气十足的大才子眼里，就是一件了不得的坏事了。他得一五一十地向杨绛汇报，请求她的支援。真是一刻也离不开。

　　杨绛，此刻还躺在医院里，这个正在坐月子的产妇，却温柔得如同慈母般对自己的丈夫说："不要紧，我会洗。"

　　钱锺书听了不以为然，以为她是在宽慰他，于是跟了一句："墨水呀。"杨绛就是杨绛，她说："墨水也能洗。"

　　他听了这样的话，放心地回去了。然后又做坏事了。下一次，他依旧诚惶诚恐地来看妻子，告诉她他把台灯弄坏了。

　　杨绛听后，细细地问明白是什么样的灯，宽慰道："不要紧，我会修。"真是万能妻子。果真当得起婆家的那一句夸赞："笔杆摇得，锅铲握得，在家什么粗活都干，真是上得厅堂，下得厨房，入水能游，出水能跳，锺书痴人痴福。"

　　他听了这话就又放心地回去了。

　　钱锺书对杨绛的这一句"不要紧，我会——"几乎到了迷信的地步，仿佛妻子真的什么都能解决。他所闯的祸，她都在背后兜底儿。他之所以会这样信任她能解决这些事情，全是因为过去杨绛这样讲之后，确实都解决了。

　　他们在伦敦探险的那段日子，钱锺书的额骨上生了一个疔。两个人都很焦急，不知如何是好。有人帮他们找了位英国护士，护士告诉杨绛的方法很简单，就是热敷。

杨绛跟他说："不要紧，我会治。"其实，她这样说的时候，自己心里也没底儿。但为了宽慰丈夫，她面色如常，十分自信地告诉他，她会治。

她这样说，也这样做了。每隔几个钟头，她都要认认真真地为他进行一次热敷。这样的热敷进行了几天后，令人惊喜的效果出现了。粘在纱布上的最后的那点东西被连根拔起。钱锺书的脸上没有留下任何疤痕。

自此，他对妻子的"不要紧，我会——"深信不疑。

我们都知道钱锺书任性的脾气，若没有稳重心细的妻子，他的祸事不知有多少。他为人又颇为清高，这让他得罪了不少人。在流传于世的有关钱锺书的淘气事情中，其中一件跟猫有关。多年后，他们在清华园的时候，和林徽因梁思成一家做邻居。两家人都爱猫，都养了猫咪。有一回，两家猫咪打起了架。钱锺书看不过自家猫被欺负，书呆子气发作起来，竟然帮助猫咪一起"欺负"林徽因家的猫咪。

杨绛知道后，跟他说："打狗还要看主人面，那么打猫的话，是不是就要看主妇面了！"何况，那只猫是他们一家"爱的焦点"。然后，她代丈夫向林徽因赔罪。"妻贤夫祸少"，这句俗语用在他们的身上再合适不过。

可以想象，若没有杨绛的各种赔罪，钱锺书不知要得罪多少亲朋好友。这倒不是说杨绛是和事佬的个性，相反，她是个极有原则、是非观很明确的人。

她和钱锺书两人，志趣相投之外，难能可贵的是个性互补。钱锺书有时不免恃才傲物，臧否人物的时候幽默刻薄。这时候，杨绛的温柔含蓄就像润滑剂，让他在世俗生活里不致摔倒。

至少，他摔跤，有人托着。他闯祸，有人按着。他像激情翻滚的大海，才情洋溢，世间罕有匹敌者。然而，唯有在她的身边，他才像个淘气的孩子，接受她的"管教"，将自己全身心地托付给她。如果说他是汪洋恣肆的海，那么，她就是那根定海神针。

不论他在外面闯了怎样的祸，做了"天大的坏事"，他在她这里永远是个亮眼睛的少年。

与你看尽人间灯火

钱锺书在牛津顺利拿到学位后，他们的女儿圆圆也满百天了。他们按照之前计划的行程，前往巴黎继续求学。

那时的圆圆已经是个非常漂亮可爱的小娃娃了，穿一身长过半身的衣服，十分安静，不爱哭闹，安心地随着父母舟车流转。他们先是从牛津乘车到伦敦，又从伦敦乘车到多佛港口，再从多佛渡船到了对岸的法国加来港口，然后又从加来前往巴黎，好在朋友们已经先行给他们租下了巴黎近郊的公寓。

圆圆的可爱已经俘获不少成年人的心。在伦敦，一位中年人，细细端详她后，说了句漂亮的双关语——a China baby！杨绛听了颇为得意。既为圆圆得意，也为自己生出这样漂亮的娃娃得意。这个人的话还可以当作这样来看待——a china baby！一个中国（瓷）娃娃！圆圆细腻的皮肤，吹弹欲破的肌理，完全可以想见。

孩子特别小的时候，因为脖子还很无力，三个月的时候还不能完全直起脖子。这时候，抱孩子是很讲究技巧的。杨绛在牛津的产院里是经过护士培训的，而向来生活自理都很困难的钱锺书，可想而知，定然是不会抱孩子的。

这一路杨绛和钱锺书都格外辛苦。杨绛怀抱婴儿，钱锺书则两手都满满的，一手一只手提箱。两个人偶尔换一下，就算是休息。但是刚到加来港，港口工作人员远远地就看见怀抱婴儿的杨绛，立刻让她们优先下船。

杨绛后来在文章中说，法国人似乎比英国人更体贴爱护一个母亲和她的孩子。英国人做事"刻板"，为人严肃且严谨。法国人不是这样。他们浪漫优雅，热爱生活和艺术。当然，这样的坏处是散漫慵懒，做起事情来拖拖拉拉没完没了。

这一点可以从巴黎大学和牛津大学两校的校风对比看出来。牛津的严谨与保守，她的住宿吃饭制度，以及让学生穿上黑背心等服装，均可看作是英国人谨严的生活态度的表现。

巴黎大学比牛津大学还要古老，但是她比牛津宽松自由多了。

钱锺书曾经引用一句英国学者的话来评价文学学士——文学学士，就是对文学无知无识。

因而，钱锺书决定在巴黎大学学习，更随心所欲一些，要的倒不是那一纸文凭。这种观点也影响了杨绛。他们夫妇二人在巴黎虽然上课的次数没有牛津多，然而却一点儿也不松懈。他们像吸饱了水的海绵，利用一切机会饱读诗书。

他们的圆圆头需要照顾，为此杨绛不得不牺牲自己的时间。有一张家人留下来的照片，那张照片中的圆圆头安静地躺在婴儿床里——所谓的婴儿床，那小摇篮竟然是一个抽屉！

常人无法想象，他们的生活忙碌到何等程度。

与他们相识的诗人王辛笛通过回忆，为我们留下了那时杨绛夫妇的一点生活轨迹："一九三六年我去英国爱丁堡大学进修，次年到巴黎短期度假，住在清华窗友盛澄华（1913—1970）寓处。适巧锺书携其夫人杨绛也由牛津来巴黎，同住在拉丁区，与盛处相去不远。澄华专攻纪德作品，并常就近向纪德本人请益（在抗战期间译出《伪币制造者》等问世），不同于一般留学生惟学位头衔是务，锺书对此颇有好感。大家在街头不期而遇，相视而笑，莫逆于心。"由此可见，人以群分，物以类聚，不无道理。

这位盛澄华，正是帮杨绛夫妇注册巴黎大学的昔日清华校友。也是他，到火车站接他们一家三口，又为他们租下近郊的公寓。

他们的公寓附近有火车站，上车只需要五分钟即可到达巴黎市中心，算是极为便利的选择了。他们的房东是一位退休的邮政员，厨艺很好。不过，法国人向来比英国人懂得生活的艺术，在美食方面，或许唯有意大利人可以与他们相媲美。

房东太太热情好客，房东先生也很大方。他们每天为房客准备一日三餐，伙食便宜又丰盛。钱锺书夫妻俩起先也加入大家的用餐队伍。后来发现有些不合适。这不合适倒不是因为经济问题，也不是因为伙食本身，而是时间的消耗。

法国人吃一餐饭十分耗时。这样，视时间如金子的杨绛夫妇受不了了。他们要抓紧一切时间阅读书籍，抓住在巴黎的时光，了解法国的文化历史。因此，后来杨绛又重操旧计，做起了家庭主妇了。

她这样牺牲自己的时间，钱锺书当然十分感激和心疼。他为此甚至希望能有辟谷良方，向往神仙似的，不用吃饭也不感到饥饿。他甚至还写了诗：

卷袖围裙为口忙，朝朝洗手做羹汤。

忧卿烟火熏颜色，欲觅仙人辟谷方。

这便是钱锺书的"爱妻之道"。

当然，日子还是要照常过下去的。因为圆圆头的缘故，他们无论如何肯定不能如先前那样随心所欲地读书工作了。怎么办？他们在巴黎的朋友林黎光、李伟夫妇，有一个和阿圆一般大的儿子，他们给杨绛出了个主意。

听说某某同学将孩子送入托儿所，那样大人就有属于自己的时间了。可是杨绛听闻孩子在托儿所要接受类似军事化的训练，吃喝拉撒睡，样样有规定的时间，她便取消了这个念头。他们哪里舍得让圆圆头去受这个罪呢？

杨绛对门是个没有孩子的公务员太太，她的丈夫早出晚归，时常感到寂寞。她很喜欢过来，抱着圆圆玩耍。一来二去，圆圆跟她熟悉了。她对圆圆爱得不得了，甚至动了想带圆圆到法国乡下的念头。

那位法国太太曾经将圆圆的小床挪到她的卧室，看她离开父母能否习惯。想不到圆圆这个省心省事的孩子，乖乖睡到天亮，没有任何哭喊。

她睡得倒好，可是她那"狠心"的父母却一夜未眠。经过这一夜煎熬，他们发现无论如何也不能将阿圆托付给别人——哪怕那个人那么爱她。

后来，好在那位太太的先生还要留在巴黎工作，她也没能回到乡下。当他们夫妇俩需要出门办事又不方便带上圆圆的时候，他们就托她照顾圆圆。自然，他们肯定会支付报酬，以表感激。

他们一家三口在巴黎的生活，紧张中有闲适，快快乐乐，十分充实。杨绛在巴黎期间更加深入地了解了欧洲各国文化历史、语言风情，为她日后成为一名出色的翻译家打下了坚实的基础。

钱锺书在巴黎同样如饥似渴地学习。钱锺书今天读中英文，明天就读法文、德文书籍，后来又加上意大利文。据杨绛撰文回忆，起初他们刚到法国的时候，两人一起读福楼拜的经典著作《包法利夫人》。那时，他的生字还比杨绛要多。一年后，他的法文水平已经远远超过了她。

他们就是在这种读书写作、养育圆圆，偶尔和朋友聚会中，度过了巴黎时光。

爱是一生也写不完的一首诗

杨绛二人去国三万里，远离父母兄弟姐妹。身在欧洲的他们，一颗心却在遥远的故国。他们总是盼望着家乡亲友的来信，好知道他们的近况，也了解祖国发生了什么事情。

20 世纪三四十年代，世界范围内发生了声势浩大的反法西斯战争。家国飘摇，他们刚到英国的时候，尚且还算安稳。但很快情势急转而下。

1938 年，身在巴黎的钱锺书，写了一首名为《哀望》的诗寄托家国情怀：

> 白骨堆山满白城，败亡鬼哭亦吞声。
>
> 孰知重冤胜轻冤，纵卜他生惜此生。
>
> 身即化灰尚赍恨，天为积气本无情。
>
> 艾芝玉石同归尽，哀望江南赋不成。

这首诗所写的情景，倒也不是钱锺书的幻想，因为有一部分来自家乡的书信。其实，早在这首诗写作前，日本人第一次空袭苏州的时候，杨绛的家就遭了殃。

那时，大约因为杨家家大业大，建筑比一般的民居大。日本人疑心是什么机构所在，在日军飞机的轰炸下，一家人从前院躲到后院，又从后院躲到前院。小妹妹杨必，后来同样成为翻译家的她，告诉姐姐说："真奇怪，害怕了会泻肚子。"一家人在空袭的恐惧中，全都莫名其妙地开始腹泻。

战乱中的一家人，四处离散。一封家书，真可抵得上万金了。

我在牛津产院时，还和父母通信，以后就没有家里的消息，从报纸上得知家乡已被日军占领，接着从上海三姐处知道爸爸带了苏州一家人逃难避居上海。我们迁居法国后，大姐姐来过几次信。我总觉得缺少了一个声音，妈妈怎么不说话了？过了年，大姐姐才告诉我：妈妈已于去年十一月间逃难时去世。这是我生平第一次遭遇的伤心事，悲苦得不知怎么好，只会恸哭，哭个没完。锺书百计劝慰，我就狠命忍住。我至今还记得当时的悲苦。但是我没有意识到，悲苦能任情啼哭，还有锺书百般劝慰，我那时候是多么幸福。

我自己才做了半年妈妈，就失去了自己的妈妈。常言"女儿做母亲，便是报娘恩"。我虽然尝到做母亲的艰辛，却没有报得娘恩。

都说女儿是母亲的贴心小棉袄。如今棉衣尚在，想要温暖那个一生护佑我们的人，却再也没有机会了。

如今这对远游的游子，在接到这样一封家书后，对家，对国，都比以往更加思念了。

据杨绛后来的回忆，当时他们家在遭到日本人空袭后，一家人商量着逃往苏州郊外的香山暂避其锋。第二天，杨荫榆带着一大家子人启程投奔乡下的一位熟人，那位熟人曾经委托杨荫榆为他打过官司，一直对杨荫榆的仗义帮忙十分感激。

逃亡的人中，除了杨绛的父亲母亲，还有她的大姐、小妹，以及两个姑母。就在这一年秋天，杨绛的母亲唐须嫈得了严重的恶性疟疾。高烧不退，奄奄一息，眼看着一个鲜活的人行将离世。杨荫杭决定自己留下来陪伴妻子，让其他人继续逃亡。那时炮火连天，到处有不幸死亡的人。

大姐和小妹坚决不走，说什么一家人要死也要死在一起。两个姑母走了。香山沦陷前，命悬一线的唐须嫈，在万般不舍中走完了她平凡而慈爱的一生。杨荫杭痛失爱妻，杨绛痛失慈母，此等哀痛非亲历者，笔墨难以尽述。

好在杨荫杭是个冷静理智的人。眼看着妻子气若游丝，他提前用几担白米换了一具特别简陋的棺材。父女几个人，在细雨中，在四处逃难的人群中，为唐须嫈借来一块坟地，将她暂时安葬在苏州的荒野之中。

杨荫杭又请人在棺材外面砌一座小屋，然后他在一切可以写上字或刻上字的地方，都写下了杨荫杭这几个字。怕的是兵荒马乱的年代，等到太平的那一日来了，他将如何认领他的妻子呢？

在她暂时安息的周围，每一棵树、每一片瓦上写上他的名字，除了好相认外，亦有陪伴她护佑她的意思吧。

杨荫杭在悲痛中安葬完和自己相濡以沫一辈子的妻子，然后就带着女儿们回家。走投无路的他，只好再次返回苏州城内的家。

那个家，再也不复从前的温馨了。没了女主人的家，总是寒冷。何况，经过日寇的袭击，又被下人和乡邻们"各取所需"地洗劫了一番。真是乱世之中，人性更乱，比平日更能见出真相来。

杨荫杭并没有追究他们，只要他和孩子们尚能安全度日，好在家中还有一些米可以食用。冒险回家后的父女三人，每日还要面临城内日军的搜查。黄昏一过，他们总要挨家挨户地寻找"花姑娘"。大姐和小妹在乡下的时候已经剃光头，改成男装。然而，即便如此，也还不算安全。

每逢遇到日军打门的时候，她们就连碗带筷一起拿上，藏到柴堆里。由父亲杨荫杭去和日本人周旋。杨荫杭早年留学日本早稻田大学，因而日语流利，这成了他的一项优势，能够从容应付日本人。

但同样的语言技能，对他的三妹妹杨荫榆来讲就不是一件好事了。那时的杨荫榆住在苏州盘门，她也曾经在日本留过学，会日语，因而每当日本人搜罗"花姑娘"的时候，杨荫榆身上那股民族气节就不再允许她沉默了。她主动站出来和日本兵周旋。不少姑娘经过她的保护，得以周全。

然而，她这样一个赤手空拳无权无钱的知识女性，却忘了自身的安危了。也许，她不是忘记，只是国难当头的时候，连沉默都是一种罪过。

1938 年新年的第一天，两个日本兵到杨荫榆的家里，不知用什么话哄她出门，当她走到一座桥上的时候，一个日本兵对着她的后背开了枪。另一个日本兵将她抛到河里。可怜的三姑母，那时还没有气绝身亡。求生的本能令她在受伤之后还能拼命游泳。日本人见三姑母竟然还活着，又朝她身上连开了几枪。

那个孤僻的三姑母死了，河水一片殷红。邻居们将她从河里捞上了岸，然后将她草草入殓。棺木太薄了，等到杨荫杭来认领的时候，已经无法更换棺材。又没有现成的更大的棺材好套在它的外面，只得将棺材外面钉了一层厚厚的木板。

后来，杨荫杭将这个命运多舛的妹妹和自己的妻子一起，埋在了灵岩山的绣谷公墓。等到下葬的时候，杨绛已经回国。她在文章里写了这样的感受，她望着仓促之间合上去的木板都没来得及抛光，疙疙瘩瘩就像三姑母坎坷的一生。

她追忆起母亲曾对她说过："三姑母其实是贤妻良母。"只要她嫁个好丈夫，她一定是个贤妻良母。然而，没有这个如果了。

她可怜的三姑母，一生怪癖，唯有这个嫂子宽容她。最终，她们泉下相伴，也算是寒凉人生的最后一点慰藉吧。

而这一切的死亡和离别，让身在欧洲的杨绛更是痛苦万分。因为她再也见不到她们了。唤一声母亲，也不再有任何回应。那些孤灯下为她做衣裳的身影，将伴着杨绛的一生，直到生命的终点。

爱，是一生也写不完的一首诗。至此，杨绛生命中的爱之诗里，母亲的位置将永远空着了……

人间烦忧，心上人影

山河破碎，纸短情长

原本喜欢巴黎的杨绛夫妇，此刻却坐立不安了。除了得信知悉唐须嫈在战乱中遽然辞世，更多的煎熬却是来自他们对祖国对亲人的牵挂。家国飘摇，山河破碎，欧洲再好，毕竟不是自己的国，不是自己的家。不如归去，不如归去。

他们如饥似渴地阅读巴黎《救国时报》上的社论，内心激动万分。书生报国，国家危难之际，他们想要放弃巴黎的一切，不等拿到毕业文凭，只想一步踏入国土。

其中有一篇名为《我们的主张》的社论让他们十分喜欢："要实行全国之总抵抗，须立即实行全国军事上的总动员；要实行全国之总抵抗，须要实行全民族统一战线；要实行全国之总抵抗，须立即实行民主自由；要实行全国之总抵抗，须立即武装民众；要实行全国之总抵抗，就必须全国人民一致奋起为抗战军队与政府之后盾；要实行全国之总抵抗，须立即肃清一切日寇奸细。"

一声声呼唤，言犹在耳。中国到了最危险的时候，他们全是有着强烈爱国之心的热血青年，看了这样的社论，焉有不回之理？

杨绛说："我们为国为家，都十分焦虑。奖学金还能延期一年，我们都急要回国了。当时巴黎已受战事影响，回国的船票很难买。我们辗转由里昂大学为我们买得船票，坐三等舱回国。那是一九三八年的八月间。"

归心似箭。

当时，杨绛的父亲和姐姐已经离开苏州的家，暂居孤岛上海。相比苏州，上海已经算是较为安全的所在了。钱家也同样如此。钱基博在浙江大学教书，钱锺书的母亲，弟弟妹妹等人，也只得背井离乡，逃到上海，跟着叔父一家，住在法租界的辣斐德路（今天的复兴中路）。他们都是花了大钱顶了上海的房子的。所谓顶，上海当时涌进了很多难民，一时间房屋难寻，承租人纷纷把所租赁的房再以高价将租赁权转让给他人，这就是顶。今天来说，就是他们花了大价钱从二房东的手里租了辣斐德路 609 号一所临街的三层楼弄堂房子。（至今，这里仍然住着钱家的后人）

1938 年 9 月，一艘法国阿多士 II 号邮船正向中国驶来。这艘船上的某个三等舱里，住着杨绛一家三口。他们匆忙结束学业，返回中国，内心激荡难安，就连一向细心谨慎的杨绛，也没想到给圆圆头准备充足的食物。海上漫漫长途，她还按照当年他们一起前往英伦的方法，想着船上的食物总是充足的，却不料如今是战时，一切供给都十分有限。食物缩水，品质也没那么好。

这可苦了还是小婴儿的圆圆头。这也令做母亲的杨绛，多年后想起还要自责。上船的时候，阿圆还是个白白胖胖的瓷娃娃，等到下船的时候，却已经是个瘦弱的女娃儿了。

行程二十多天，又因为阿圆已经断奶了，几乎顿顿吃土豆泥。这对刚失去母乳急需营养食物长身体的阿圆来讲，可真算是受罪了。

战乱时节，不仅孩子受罪，大人也一样受罪。钱锺书原本是个风流倜傥的才子形象，这一点可以从留学英伦时留下的照片看出来——自然，还有其他文字作证。然而，在阿多士邮轮上的他，竟然"首如飞蓬"，活脱一个土包子。

在回国的船上，他们遇见了诗人外交官冒效鲁。在冒效鲁的笔下，钱杨两位的形象如下：

> 凭栏钱子睨我笑，有句不吐意则那。
>
> 顾妻抱女渠自乐，丝丝乱发攒鸦窠。
>
> 夜深风露不相贷，绿灯曼舞扬清歌。
>
> 喧哎聚博惊座客，倾囊买醉颜微酡。

钱锺书完全谈不上什么形象了，头发乱得像乌鸦的窝。海上风浪大，钱锺书又晕船，那滋味真是想想就让人难受。

杨绛有一套非常管用的不晕船哲学。"依我看啊，这坐船不晕船，就要不以自己为中心，而以船为中心，顺着船在波涛汹涌间摆动起伏，让自己的身子与船稳定成90度直角，永远在水之上，平平正正，而不波动。"钱锺书照着去做，果然不晕船了。

这一套不晕船哲学，完全可以看作是杨绛一生立身处世之哲学。"不管风吹浪打，我自坐直了身子，岿然不动，身直心正，心无旁顾，风浪其奈我何？"她的这套人生哲学，在后面的半个多世纪可谓发挥了安身立命的巨大作用。

船行至香港，两人暂时分道扬镳。原来，钱锺书已经接受西南联合大学的教职。按规定，他要直接奔赴昆明。杨绛则独自带着阿圆，回到上海。

钱锺书的弟弟和亲戚等接到她们母女，回到辣斐德路上的钱家，见到了公婆叔父婶娘一并小姑子等家人。圆圆头突然间见到这么多的亲人，很不适应，大声"吼叫"，连声哼哼啊啊说的竟然是法语。这令杨绛很吃惊。圆圆头会说的第一个中文词是"外外"，意为到外面去玩耍。如今，她竟然说起了法语。想来是对门那位法国太太的影响。

见过钱家人，第二天，杨绛带着阿圆回到了父亲家。两家距离很近，父亲家就在今天的淮海中路。圆圆头这次倒是没有喊叫，小小的人儿，似乎也感觉到和外公的亲近。当然，杨荫杭不要孩子叫他外公，只允许叫公。

他男女平等的观念一如既往。没有什么里和外之分，都是公，都是祖父。

据杨绛回忆：

一九三八年十月，我回国到上海，父亲的长须已经剃去，大姐姐小妹妹也已经回复旧时的装束。我回国后父亲开始戒掉安眠药，神色渐渐清朗，不久便在震旦女子文理学院教一门《诗经》，聊当消遣。

父亲老了。这是令杨绛倍感愧疚和心痛的一件事。父亲曾长时间靠安眠药才能入睡。她愧疚于自己曾远离他，没能好好陪伴他照顾他，甚至在家庭遭遇重大不幸的时候，她也不在身边。

没能见上母亲最后一面，这是她心里说不出的痛。

如今，她回来了。她想回苏州看一看她的母亲，看一看她的家。昔日她成长玩耍的家，那个她和钱锺书结婚时的家，如今早已变了模样。

我二姑母买的住宅贴近我家后园，有小门可通。我到苏州，因火车误点，天已经很晚。我们免得二姑母为我们备晚饭，路过一家菜馆，想进去吃点东西，可是已过营业时间。店家却认识我们，说我家以前请客办酒席都是他们店里承应的，殷勤招待我们上楼。我们虽然是老主顾，却从未亲身上过那家馆子。我们胡乱各吃一碗面条，不胜今昔之感。

我们在二姑母家过了一宵，天微亮，就由她家小门到我家后园。后园已经完全改了样。锺书那时在昆明。他在昆明曾寄我《昆明舍馆》七绝四首。

第三首"苦爱君家好巷坊，无多岁月已沧桑。绿槐恰在朱栏外，想发浓阴覆旧房"。他当时还没见到我们劫后的家。

在钱锺书的想象中，这个苏州的家依旧古朴典雅，碧绿的槐树浓阴蔽日，照着古旧的房子。绿树、红栏、粉墙黛瓦，真是美极了。

然而，这样的家只能存于他们的回忆里了。

　　我家房子刚修建完毕，母亲应我的要求，在大杏树下竖起一个很高的秋千架，悬着两个秋千。旁边还有个荡木架。可是荡木用的木材太软，下圆上平，铁箍铁链又太笨重，只可充小孩的荡船用。我常常坐在荡木上看书，或躺在木上，仰看"天澹云闲"。春天，闭上眼只听见四周蜜蜂嗡嗡，睁眼能看到花草间蝴蝶乱飞。杏子熟了，接下等着吃樱桃、枇杷、桃子、石榴等。

　　橙子黄了，橘子正绿。锺书吃过我母亲做的橙皮果酱，我还叫他等着吃熟透的脱核杏儿，等着吃树上现摘的桃儿。可是想不到父亲添种的二十棵桃树全都没了。因为那片地曾选作邻近人家共用的防空洞，平了地却未及挖坑。秋千、荡木连架子已都不知去向。玉兰、紫薇、海棠等花树多年未经修剪，都变得不成模样。篱边的玫瑰、蔷薇都干死了。紫藤架也歪斜了，山石旁边的芭蕉也不见了。记得有一年，三棵大芭蕉各开一朵"甘露花"。据说吃了"甘露"可以长寿。我们几个孩子每天清早爬上"香梯"（有架子能独立的梯）去摘那一叶含有"甘露"的花瓣，"献"给母亲进补——因为母亲肯"应酬"我们，父亲却不屑吃那一滴甜汁。

　　我家原有许多好品种的金鱼，幸亏已及早送人了。干涸的金鱼缸里都是落叶和尘土。我父亲得意的一丛方竹已经枯瘁，一部分已变成圆竹。反正绿树已失却绿意，朱栏也无复朱颜。"旱船"廊下的琴桌和细瓷鼓凳一无遗留，里面的摆设也全都没有了。我们从荒芜的后园穿过月洞门，穿过梧桐树大院，转入内室。

　　每间屋里，满地都是凌乱的衣物，深可没膝。所有的抽屉都抽出原位，颠横倒竖，半埋在什物下。我把母亲房里的抽屉一一归纳原处，地下还拣出许多零星东西：小钥匙、小宝石、小象牙梳子之类。母亲整理的一小网蓝古瓷器，因为放在旧网蓝里，居然平平安安躲在母亲床下。堆箱子的楼上，一大箱古钱居然也平平安安躲在箱子堆里，因为箱子是旧的，也没上锁，打开只看见一只只半旧的木盒。凡是上锁的箱子都由背后划开，里面全是空的。我们各处看了一遍，大件的家具还在，陈设一无留存。书房里的善本书丢了一部分，普通书多半还在。天黑之后，全宅漆黑，说电线年久失修，供电局已切断电源。

父亲看了这个劫后的家，舒了一口气说，幸亏母亲不在了，她只怕还想不开，看到这个破败的家不免伤心呢。

我们在公墓的礼堂上，看到的只是漆得乌光锃亮的棺材。我们姐妹只能隔着棺木抚摩，各用小手绢把棺上每一点灰尘都拂拭干净。想不到棺材放入水泥圹，倒下一筐筐的石灰，棺材全埋在石灰里，随后就用水泥封上。

父亲对我说，水泥最好，因为打破了没有用处。别看石板结实，如逢乱世，会给人撬走。这句话，父亲大概没和别人讲。

多少繁花似锦，多少纸短情长的话，多少安闲度日的惬意，都随着山河破碎随风远逝。渐渐地成为一代人心中无法言说的痛与爱。

不寄云间一纸书

归国后的杨绛，在上海度过了颇为不平静的一段日子。那时，钱锺书在昆明，夫妻二人分隔两地，想要说上几句贴心话也是很少有机会。

西南联大条件之艰苦，众所周知。校长梅贻琦的太太要亲自做东西补贴家用。教授们穿着打补丁的长衫，更有甚者，常年穿一件雨衣，为的是下雨时挡雨，天晴时挡风。

下雨天，门外大雨，屋内小雨。教授曾在黑板上写下"停课听雨"的话。钱锺书在这种情境之下，又因思念妻女，常给远在上海的杨绛写信倾诉一二。奈何，杨绛还如从前一样，不太爱写信。一来是因为她的个性如此，二来是她分身乏术，忙到不可开交的地步。

"屋小檐深昼不明，板床支凳兀难平。萧然四壁尘埃绣，百遍思君绕室行。"这是钱锺书当时的心境。钱锺书当时从欧洲回来执教西南联大，冯友兰教授曾上书给当时的校长梅贻琦先生，请求破格给予钱锺书教授资格，月薪三百元。钱锺书当年是西南联大最年轻的教授，其渊博的知识、学贯中西的博大精深、幽默犀利的语言，为他赢得了众多学子的敬意和爱意。

"钱师讲课，从不满足于讲史实、析名作。凡具体之事，概括带过，而致力于理出思想脉络，所讲文学史，实思想史。"

"一次讲课，即是一篇好文章，一次美的感受。"

"钱师，中国之大儒，今世之通人也。"

杨绛是怎样的呢？归国后，她不是和父亲挤在一处，就是和钱家挤在一起将就着住。婆婆和妯娌都是传统女性，杨绛日日和她们在一起，没有太多的话题。再说，杨绛原本也不是话多的人。

当她们在东家长李家短地闲聊时，杨绛就躲在一个角落悄悄地看书。为何是躲？因为她怕被其他妯娌看见，怕她们多心，以为她看不起她们。对于一个从小就习惯看书的书虫来说，一日不让她看书，滋味会十分难受，那感觉几乎等同于不让她吃饭。

因而，她总是抽空自己慢慢看。但是属于自己的时间实在太少太少了。有时，她不能不出现在集体当中，她就在一旁的缝纫机上缝缝补补。她宁愿做活，也不习惯家长里短地闲聊。婆婆见她话少肯做事，后来干脆让她多做一点活计，有时甚至小叔子的裤子也要她来缝补。

也是在这个时期，她的母校苏州振华女校因日本入侵，无法继续了。校长王季玉女士将学校搬到上海，邀请杨绛来做校长。

校舍好不容易找到，和赫德路小学共用一个。一家上半天课，"轮流坐庄"。这块租界内的地方还是当初的王季玉校长四处谋划才搞好的，由于现在是非常时期，她自己不方便出面出任校长，听闻杨绛归国，她喜出望外，当即登门拜访，请她接替自己做振华女校校长。

杨绛本能的反应是拒绝。一来她始终对"做官"没兴趣，父亲也曾告诫自己这辈子最好是不要当官；二来她的个性更适宜独自畅快，一个人埋头读点书写写字更好，做校长就要事无巨细地管理，还要和各色人等打交道。这是她所不愿的。

但王季玉校长再三恳求。她知道王季玉对自己的恩情，又是自己的母校，难以推却，便只好答应了下来。用她自己的话说，那简直是狗耕田。

王季玉校长手把手教她，从资金管理到教学管理，样样都教，教好以后功成身退。她对杨绛说，我得走了，我不走的话你施展不开手脚。

于是，杨绛就在这样风雨飘摇中走马上任了。她虽然年轻，人也秀秀气气的，但是做起事情来一丝不苟，认认真真，事事追求完美。过去在苏州的旧部学生复学了，她又新招了一批学生。苏州学校的部分老师继续到上海教学，此外，不得不新招一批教员。

她做起这些事情来，竟然也得心应手。可是，一个年轻的弱女子走马上任，有时不免会有惊涛骇浪。三教九流都要应付，上海滩那时虽较为太平，是所谓冒险家的乐园。然而，鱼龙混杂，许多小混子便也混在其中，吃拿卡要颇为威风。

杨绛在一篇散文里讲过这样的故事：

我们的事务主任告诉我，凡是挂牌子的（包括学校），每逢过节，得向本区地痞流氓的头儿送节费。当时我年纪未满三十，对未曾经历的事兴趣甚浓。地痞流氓，平时逃避都来不及，从不敢正面相看，所以很想见识见识他们的嘴脸。

恰逢中秋佳节，讨赏的来了一个又一个。我的模样既不神气，也不时髦，大约像个低年级的教师或办公室的职员，反正绝不像校长。我问事务主任："我出去看看行不行？"他笑说："你看看去吧。"

我冒充他手下的职员，跑到接待室去。

来人身材矮小，一张黑皱皱的狭长脸，并不凶恶或狡猾。

我说："刚开发了某某人，怎么又来了？"

他说："××啊？伊是'瘪三'！"

"前天还有个××呢？"

他说："伊是'告化甲头'。"

我诧异地看着他问："侬呢？"

他跷起大拇指说："阿拉是白相人啦！"接着一口气列举上海最有名的"白相人"，表示自己是同伙。然后伸手从怀里掏出一张名片。这张名片纸质精良，比通常用的窄四分之一，名字印在上方右侧，四个浓黑的字："黑皮阿二"。

我看着这枚别致的名片，乐得心上开花。只听他解释说："阿拉专管抢帽子、抢皮包。""专管"云云，可以解作专干这件事，也可以解作保管不出这种事。我当时恰似小儿得饼，把别的都忘了，没再多听听他的宏论，忙着进里间去向事务主任汇报，让他去对付。

我把这枚稀罕的名片藏在皮包里。心想：我这皮包一旦被抢，里面有这张名片，说不定会有人把皮包还我。他们得讲"哥们儿义气"呀！可惜我几番拿出来卖弄，不知怎么把名片丢了。我也未及认清那位黑皮阿二。

可见杨绛这个校长当得不容易，斗智还要斗勇，从人到事再到钱，没有一样不要她来管理。本来说好只当半年的校长，等到王季玉女士寻觅到合适的人就退下来。孰知这一干就继续下去了，一直等到太平洋战争爆发，振华学校停办。

在此期间，为补贴家用，杨绛还兼职为一个广东富商的女儿授课，做了几年家庭教师。起早摸黑的生活，回到家还有幼女和一堆家里的琐事要处理，早已精疲力竭了。因此，她对钱锺书和女儿都感到愧疚。

杨绛，那些日子就是在这样精疲力竭中勉力支撑一个家。她的不寄云间一纸书，也是情有可原了。

人间烦忧，心上人影

为人父母者的两难处境——孩子，妈妈抱起你，就没法养活你；妈妈如果放下你，能养活你，却无法抱住你。

职业女性的烦恼就是这样。不仅是为人母亲者，为人父亲者同样如此。杨绛在战时为养家糊口，四处奔波，对圆圆头的照顾自然就没那么精心了。她是心有余而力不足。她去上班，圆圆头的日常饮食起居就落在了父亲杨荫杭的身上。杨荫杭特别喜欢阿圆，杨绛的姊妹几个，从来没有人和爸爸一张床睡过觉，唯有圆圆头享受到这份优待。以前，爸爸的床很大，如今在上海，床缩小了那么多。然而，他却要带着阿圆一起睡觉。

外公特别宝贝一个枕头，那是用台湾席子包成的小耳枕，中间有窟窿，可以将耳朵放进去。这是已经去世的外婆留给外公的礼物，是她生前特别制作的。平时外公宝贝得不要命。现在倒好，午睡的时候，一定要让圆圆头枕那个枕头。

圆圆头人虽小，可是特别可爱懂事，惹人喜欢。她回到上海的第二年春天得了痢疾，肠胃十分虚弱，动不动就会吃坏肚子。可是，就是这样一个小家伙，只要妈妈告诉她什么东西不能吃，她就很乖地听话。别人吃的时候，她也不哭闹，只在旁边玩耍。

这样的自制力很像她的母亲杨绛。杨绛曾经在上海天钥桥路的教会学校读书时，有位牧师送给她一包巧克力，叮嘱她不要拆开，等回家后再看。小小的她就能忍住，一直从上海带回苏州的家。

在上海的时候，家中事务均由大姐处理。小妹妹杨必还在工部局女中读书。他们家的楼上是三姨家。表姐有个比圆圆头大两岁的女儿。小女孩正接受看图识字的启蒙教育，两个小朋友对着桌子对坐。

有一天，杨绛晚饭前到家了，大姐和两个妹妹连忙笑着说："快来看圆圆头念书"。她们把新买来的看图识字拿给圆圆头，她却把书倒了过来。然后，从头念到尾，一个都没错。

这让大家不明所以。她们以为圆圆头一定是每天对着小表姐学习，背熟了。后来还是大姐想到了，那是圆圆头坐在对面，看到的字都是颠倒的缘故。

血浓于水，尽管作为父亲的钱锺书远在千里之外，可是圆圆头看书的姿势，走路的姿势都像极了父亲。这令做母亲的杨绛十分惊喜。

钱瑗去世前一两个月，躺在病床上还在写东西，其中有一节就是《爸爸逗我玩》。现在可以读一下：

一九四一年父亲由内地辗转回到上海，我当时大约五岁。他天天逗我玩，我非常高兴，撒娇、"人来疯"，变得相当讨厌。奶奶说他和我是"老鼠哥哥同年伴"，大的也要打一顿，小的也要打一顿。

爸爸不仅用墨笔在我脸上画胡子，还在肚子上画鬼脸。只不过他的拿手戏是编顺口溜，起绰号。有一天我午睡后在大床上跳来跳去，他马上形容我的样子是："身是穿件大黄背心，面孔像两只屁股猢狲。"我知道把我的脸比作猴子的红屁股不是好话，就噘嘴撞头表示抗议。他立即把我又比作猪噘嘴、牛撞头、蟹吐沫、蛙凸肚。我一下子得了那么多的绰号，其实心里还是很得意的。

这对父女成为一对"好哥们儿"，大顽童和小顽童。可是在这之前，圆圆头甚至拒绝认这个爸爸。

1941年夏天，钱锺书舟车劳顿，辗转回沪探亲。杨绛带着圆圆头在辣斐德路住下等待他的归来。钱锺书风流倜傥的气度已完全变了。他头发很长，脸皮黢黑，穿一件夏布长衫，布衫式样土气，布的质量也很糟糕，完完全全一个"乡窝宁"进城。

但是，这个乡下人万般辛苦也没忘记给女儿带礼物。他的礼物十分特别，是一把椅子。圆圆头好奇地望着眼前这个人。她那么小，距离上一次分别已经太久，已经完全认不出来他是她的爸爸了。

两年了。她看见妈妈将这个"陌生人"的行李放在妈妈的床边，一直很警惕。晚饭后，她发话了。"这是我的妈妈，你的妈妈在那边。"一句话令人哭笑不得，百感交集。

钱锺书听了，像个孩子似的问圆圆："我倒问问你，是我先认识你妈妈，还是你先认识？"

谁也想不到小小的圆圆头语出惊人："自然是我先认识，我一生出来就认识，你是长大了认识的。"杨绛听了十分震惊，因为女儿年龄太小，可是这个话却太丰富，于是她便一字一句地记下来了。只不过，她将无锡话改写成普通话而已。

正在大家为不知如何应对的时候，钱锺书附在圆圆的耳边说了句悄悄话，立刻赢得了女儿的"友情"，从此，他们成为没大没小的"好哥们儿"。

至于钱锺书究竟说了什么，杨绛却无从知晓了。她有些遗憾，当时没有去问，没有将这一精彩的场面记录下来。

不论怎样，这个令她牵挂的心上人影，如今终于回来了。回到她们母女的身边，日日厮守，胜过纸上万语千言。有他在，人间所有的烦忧，都不值一提。

水木清华，山水迢迢

钱锺书回沪后，首先要解决的是住房难的问题。起先，他们一家三口都住在淮海中路的来德坊。再后来，杨绛的弟弟从维也纳医科大学学成归来，这样一大家子住在一起就显得拥挤不堪了。

杨绛觉得一家人无法再挤在一起，便在辣斐德路租了一间房。备受宠爱的圆圆头要离开外公，这可苦了一老一小了。"搬出去，没有外公疼了。"杨荫杭的一句话说得圆圆伤心大哭。圆圆头的眼泪落在外公的衣裳上，向来不易落泪的外公也流泪了。

好在他们分别没多久，他们又搬回了来德坊。

那时的钱锺书，回沪过暑假，久等清华大学下一年的聘书不至，内心诧异之余也颇感压力。一大家子人要养活——就是这个小家要维持下去，总也要工作的呀。

那时，他们虽然住在来德坊，但每天清晨起来的第一件事还是到辣斐德路的钱家，向长辈请安。钱家比较传统守旧。杨绛起初和他一起去，后来因工作繁忙，就由钱锺书一人代劳了。

有一天，钱锺书从辣斐德路回来后，一脸阴云。杨绛不知所以，询问之下，钱锺书道出了原委。他接到了父亲钱基博的来信，要他到湖南蓝田国立师范学院去教书，当英文系主任。

钱基博认为，一来可以教书，二来他在身边，可以孝敬老父亲，可谓一举两得。钱基博原本在浙江大学执教，后来应老友廖世承的邀请，凭借一腔热血，在湖南偏僻之地，创建了国立师范学院。

钱锺书在沪期间，钱基博频繁来信，一再敦促他速来师范学院。说来也巧，廖世承也在上海。他面请钱锺书，对他晓之以理，动之以情。

英文系主任，公私兼顾的诱惑，令钱锺书左右为难。但他为难的地方不在诱惑，而在他不太情愿去湖南，他心心念念的还是自己的母校——当时已经化身为西南联大的一部分。可是"父命难违"，他究竟该怎么办呢？

妻子的意见也很重要，杨绛在此时表达了反对意见。她认为清华的工作不易，何况清华向来待钱锺书很厚道，焉有弃之不顾的道理？

可是钱锺书家里，从父亲母亲再到叔父弟弟，全都主张他前往湖南教书，顺便照料年事已高的钱基博。

杨绛鼓励他如果不想去，那就应该跟家里人陈述一下不去的道理。但她没有强迫他硬着头皮去说，她先是想到了自己的父亲杨荫杭。

杨绛将自己的难处一一讲给杨荫杭听，指望父亲听了以后能给自己一点建议。孰知，杨荫杭听完后却默不作声。杨绛是个聪明人，见父亲一声不响，也不便多问。只是回来后自己认真琢磨。杨绛很快就领悟到这是父亲对自己的提点，人生在世，去哪里做什么，这是大事，旁人不便干涉，即便是夫妻。当由那个人自己拿定主意，自己做主。否则，不论成败，不论快乐与否，旁人总要担责任——并且这责任是你担负不起的。毕竟，我们只能对自己的人生负责。至亲如父母夫妻子女之间，也是难以做主。

带着这样的收获，她和钱锺书一同去了趟辣斐德路的钱家公寓。她已决计不强迫钱锺书，便沉默到底。怎知，钱家人也是选择了沉默。

这沉默如谜一般的空气，像一口巨大的钟，将钱锺书稳稳地罩在了其中，使他纵有万语千言也只好一声不响。

杨绛在文章中形容自己只是出个场，照例"做媳妇"而已。难堪的脸色，难言的沉默，令她的内心陡然对钱锺书生出许多同情来。同情他在这样一个家庭里的为难，同情他在孝子和做自己之间无法平衡的尴尬。

就这样，夫妻俩又默默地回了家。她原本还想给钱锺书一些意见，看到他这样的情形，想起父亲的不言之教，便不声不响地陪伴他，给他精神上的自由与支持。

这样，钱锺书在迫不得已的情况下，在沉默的压力之下，终于决定前往湖南。他给当时的清华英文系主任叶公超先生写了信，说明原委。但是，叶公超先生未回信。这样，暑假一结束，他就和蓝田师范学院的新同事结伴上路了。

这一路的经验，以及欧洲体验趣闻，后来都成为《围城》的写作素材。艺术来源于生活，不是一句空话。

可是钱锺书前脚刚离开上海，杨绛后脚就接到了清华大学校长梅贻琦的电报，问钱锺书为何不回复他的电报。这就奇怪了，怎么会发生这样的事情呢？要知道，钱锺书可是苦等电报不至，又兼家庭压力，这才舍清华而就师范学院。

杨绛接到电报后，十分重视，立刻将电报转寄到蓝田师范学院，并立即回复了一封电报给梅贻琦校长说明情况。可是，他们经过漫长的时间才抵达蓝田。

所以，等他收到杨绛转寄的电报和信件，已经是一个月以后的事情了。钱锺书赶紧给梅校长回复了一封电报，过后似乎觉得还不够，又追着回复了第二封，用以解释事情经过。他对自己的母校无限感激之余又无限抱愧。清华对他如此厚爱，他却辜负了清华，这令他们夫妇都深感惭愧。甚至，就是这封电报，也是他头一天离开，第二天才到的上海，真是擦肩而过。

水木清华，长在心上。却又如此山水迢迢。只好感慨一句造化弄人。就像当年杨绛投考清华一样，好事多磨。

晚年的杨绛"无所顾忌"，在其著作《我们仨》中披露了当年的真相。

两年以后，陈福田迟迟不发聘书，我们不免又想起那个遗失的电报。电报会遗失吗？好像从来没有这等事。我们对这个遗失的电报深有兴趣。如果电报不是遗失，那么，第二个电报就大有文章。可惜那时候《吴宓日记》尚未出版。不过我们的料想也不错。陈福田拖延到十月前后亲来聘请时，锺书一口就辞谢了。陈未有一语挽留。

我曾问锺书："你得罪过叶公超先生吗？"他细细思索，斩绝地说："我没有。"他对几位恩师的崇拜，把我都感染了。

可是锺书"辞职别就"——到蓝田去做系主任，确实得罪了叶先生。叶先生到上海遇见袁同礼，叶先生说："钱锺书这么个骄傲的人，肯在你手下做事吗？"有美国友人胡志德向叶先生问及钱锺书，叶先生说："不记得有这么个人。"后来又说："他是我一手教出来的学生。"叶先生显然对钱锺书有气。但他生钱锺书的气，完全在情理之中。锺书放弃清华而跳槽到师院去当系主任，会使叶先生误以为锺书骄傲，不屑在他手下工作。

我根据清华大学存档的书信，写过一篇《钱锺书离开西南联大的实情》。这里写的实情更加亲切，也更能说明锺书信上的"难言之隐"。

木秀于林风必摧之，这是人性中嫉妒之心的必然结果。钱锺书"恃才傲物"的个性，又喜欢臧否人物，不免得罪人。又因为他能力出众，博学多才，他留在西南联大，学生自然十分喜欢，但有些嫉贤妒能的人不免不欢迎他了。晚年的周汝昌曾经撰文回忆过钱锺书，称他一口标准英式英语，幽默风趣的授课风格，本人风度翩翩，是个明星般的教师。

至于杨绛回忆录中的陈福田究竟何许人也，缘何他要对钱锺书的返校有所动作，我们还是从杨绛的文章中寻找答案吧。

> 陈福田是华侨，对祖国文化欠根底，锺书在校时，他不过是外文系的一位教师，不是什么主任。锺书从不称陈福田先生或陈福田，只称F.T.。他和F.T.从无交往。

但即便钱锺书曾因等待聘书而有过两处落空的风险——清华大学和蓝天师院，他也不曾在困难时掠他人之美。

他当时的好友陈麟瑞在暨南大学任英文系主任，钱锺书因而向他求过职。陈说：“正好，系里都对孙大雨不满，你来就顶了他。”钱锺书只听过孙大雨的名字，不认识他。但他却不肯夺取别人的职位，所以一口回绝了陈麟瑞。

这就是一团痴气的钱锺书的为人，绝不会落井下石。

至于蓝田师院，对于钱基博的“命令”，杨绛和钱锺书并不觉得如何“过分”。在回忆录里，杨绛如此写道：

> 锺书一路上“万苦千辛”，走了三十四天到达师院。他不过是听从严令。其实，“严令”的骨子里是“慈令”。爹爹是非常慈爱的父亲。他是传统家长，照例总摆出一副严父的架式训斥儿子。这回他已和儿子阔别三年，锺书虽曾由昆明赶回上海亲送爹爹上船，只匆匆见得几面。他该是想和儿子亲近一番，要把他留在身边。“侍奉”云云只是说说而已，因为他的学生兼助手吴忠匡一直侍奉着他。吴忠匡平时睡在老师后房，侍奉得很周到。爹爹不是没人侍奉。
>
> ……

锺书到了蓝田，经常亲自为爹爹炖鸡，他在国外学会了这一手。有同事在我公公前夸他儿子孝顺。我公公说："这是口体之养，不是养志。"那位先生说："我倒是宁愿口体之养。"可是爹爹总责怪儿子不能"养志"。锺书写信把这话告诉我，想必是心上委屈。

钱锺书的这番委屈不无道理，因为他是钱基博的长子，不是他最宠爱的儿子。无锡乡间民谣："天下爷娘护小儿。"因此，对长子的责望多过宠爱。

后来，圆圆头得到了爷爷出人意料的宠爱。她在一次探亲时，被爷爷珍宝似的发现她是钱家孙辈里第一等聪慧孩子，是读书种子，因此这个不通世故又自诩清高的老爷子，对圆圆头爱护得不得了，是孙辈里最受宠爱的一个。

这在某种程度上，也算是对钱锺书的补偿吧。

初试啼声，称心如意

人们常说：有心栽花花不开，无心插柳柳成荫。杨绛今天为我们所熟知，也许是因为她的翻译，以及那本回忆一家三口的散文《我们仨》。但，谁会想到最初令她扬名文坛的却是剧作。

这一点，恐怕就是她自己也没有想过。当初在清华读书时，她对文学的主要兴趣集中在小说上。她如同一个水池，慢慢地积蓄能量。但要说起她写剧本这件事，可是一桩趣事。

我们沦陷上海，最艰苦的日子在珍珠港事变之后，抗日胜利之前。锺书除了在教会大学教课，又增添了两名拜门学生（三家一姓周、一姓钱、一姓方）。但我们的生活还是愈来愈艰苦。只说柴和米，就大非易事。

当时上海有一支流行的歌曲唱道："粪车是我们的报晓鸡，多少的声音都从它起，前门叫卖菜，后门叫卖米。"不当家，不知柴米贵。有道是"巧妇难为无米之炊"，在讲杨绛写剧本之前，我们有必要先来看看当时的她如何因为一两米一块煤发愁的。

日本人分配给市民吃的面粉是黑的，筛去杂质，还是麸皮居半；分配的米，只是粞，中间还杂有白的、黄的、黑的沙子。黑沙子还容易挑出来，黄白沙子，杂在粞里，只好用镊子挑拣。听到沿街有卖米的，不论多贵，也得赶紧买……大米不嫌多。因为吃粞不能过活。但大米不能生吃，而煤厂总推没货……

柴米油盐酱醋茶，样样都要她操心，生计成为头等大事。杨绛就琢磨着怎样增加家庭收入。说来也巧，他们在上海常往来的朋友中，有几位是中国戏剧界的人物——这其中既有导演，也有剧作家。如他们的好友陈麟瑞、李健吾，以及因认识他们后来又加入这个小圈子里的黄佐临导演。

陈麟瑞是诗人柳亚子的女婿，那时他通过钱锺书的介绍在上海震旦女子文理学院教书。"抗战期间，两家都在上海，住在同一条街上，相去不过五分钟的路程，彼此往来很密。我学写剧本就是受了麟瑞同志的鼓励，并由他启蒙的。"

陈麟瑞曾在哈佛大学专攻戏剧专业，对待戏剧创作十分严谨。在杨绛的眼中，他是个宽厚温和的长者。他曾笑眯眯地对杨绛说："他就是踢我一脚，我也不会生气的。"这个他，当然指的是钱锺书。

20世纪三四十年代的上海，是全国的戏剧中心。在上海滩，活跃着一大批剧作家和导演。黄佐临、柯灵、李健吾、陈麟瑞等人先后主持过一些剧团，诸如上海职业剧团和苦干剧团等。

有了剧团，自然要演戏。要演戏首先要的就是好剧本。他们也和杨绛一样，巧媳妇难为无米之炊。有一次，因为陈麟瑞和李健吾帮助审阅了钱锺书的散文集《写在人生边上》，杨绛夫妇为表达谢意，邀请他们一起小聚。

席间，他们谈起剧荒的情况，然后顺理成章地邀请杨绛来写一写剧本。杨绛谦虚地推辞，认为自己从来没写过，毫无剧本创作的经验。

他们鼓励她，人做事情总有第一次的嘛，不试试怎么知道行不行呢。于是，杨绛就在这样的情况下，开始了剧本写作的尝试。说来也怪，当时的孤岛上海，看剧的人特别多。一边是国破家亡的危机，一边却是歌舞升平纵情欢乐。想来，也许正是因为民族危亡，人人有朝不保夕的感觉，这才从战争中催生了享乐的需要。

清醒的人在任何时代都是少数。无望的人，希望借着片刻欢乐，忘却一地鸡毛的生活，忘却无能为力的人生。越是这样的时刻，喜剧越是受到欢迎。

此外，上海也成为地下党用剧作进行抗日救亡的活动中心。1942 年的时候，整个上海地区大大小小的剧团就有二十多个，演出剧目近百。一年后，剧团更是激增，演员众多。

在这样的需求之下，他们请杨绛执笔创作剧本，也是情理之中的事了。杨绛凭借自己对知识分子和市民生活的了解，利用课余时间，快马加鞭地写出了一部喜剧《称心如意》。写好后，她先交给距离自己家很近的陈麟瑞看。

陈麟瑞是个无比称职的师友。他很用心地看完，向她提出修改意见。杨绛也很虚心，毕竟在剧作写作方面，陈麟瑞是专家，而她还是个刚入门的小学生。

杨绛回去后，按照陈麟瑞的意见认真修改。改好后，她交给李健吾。在期待和忐忑之中，没过几天，她就接到了李健吾的电话，是个喜讯！

《称心如意》即刻排演，导演也是他们的朋友——黄佐临。1943 年的春天，此剧正式公演，大获成功。杨绛初出茅庐，大获全胜。真的是"称心如意"。也正是从这时起，她的名字才从父亲给取的杨季康变成我们所熟知的杨绛。

那时朋友们问她编剧的名字用什么，她想了想，家里姊妹喜欢将季康两个字连读成"绛"，于是就说"杨绛"好了。谁承想，此后这个名字将闪耀中国文坛半个多世纪。

公演的时候，父亲杨荫杭也去看了。父亲看剧场里欢声笑语一片，他感到很得意，私底下问她，这都是你写的吗？似乎有种杨家小女初长成，他这个做父亲的还无法置信的感觉。

杨绛笑眯眯地回答，是的，都是我编的。她总是这样谦逊。多年后，复旦大学赵景琛教授在一篇忆旧文章中这样写道：

> 杨绛女士原名杨季康，她那第一个剧本《称心如意》在金都大戏院上演，李健吾也上台演老翁，林彬演小孤女，我曾去看过，觉得此剧刻画世故人情入微，非女性写不出，而又写得那样细腻周至，不禁大为称赞。

杨绛一出手就是喜剧，这大约跟她含蓄幽默又擅于讽刺的个性有关。这在后来的小说《洗澡》里，也能见到一以贯之的个人风格。

杨绛在上海戏剧界打开局面后，乘胜追击，很快又交出了令人击节赞赏的剧本《弄真成假》，同样还是喜剧。此外，还有《游戏人间》，悲剧剧本《风絮》。

《弄真成假》公演后，受到的欢迎程度超过《称心如意》，好评如潮。从此，杨绛作为一个优秀的剧作家的身份，在上海滩乃至全国都很知名。那时，钱锺书和她一起出门，要被人介绍"这是杨绛女士的丈夫"的。

《弄真成假》和《称心如意》这两部喜剧，不仅受到观众的欢迎，也受到很多业内人士的好评。这是两部长演不衰的剧作。剧作家夏衍当年从重庆回到上海，看了杨绛的剧作后，评价甚高，用耳目一新来形容她的创作。

面对许多大家方家的好评，杨绛秉持她做人一贯的原则，谦逊中保有一份独属于她的自珍自爱。

"剧本缺乏斗争意义，不过是一个学徒的习作而已——虽然是认真的习作。"这低调的个性让她在此后的人生中屡次受益。

她接着说道："如果说，沦陷在日寇铁蹄下的老百姓，不妥协、不屈服就算反抗，不愁苦、不丧气就算顽强，那么，这两个喜剧里的几声笑，也算表示我们在漫漫长夜的黑暗里始终没丧失信心，在艰苦的日子里始终保持着乐观的精神。"

她自身在沦陷区的一言一行可算是她这一番话的最佳注解。他们一家虽身在孤岛，经济拮据，然而都很有民族气节。她的父亲杨荫杭某天回家对家里人说，外面有谣言，谣传杨某人眼瞎了。杨绛问起来怎么回事。原来是过去的老相识，杨荫杭见了以后装作不认识，没打招呼就走了。

杨荫杭缘何如此？原来是因为老相识当了"汉奸"了。杨绛后来回忆起那段日子，说到她和钱锺书在上海生活，从不参加任何"形迹可疑"的活动。如果在某个公共场合看见下水的知识分子，他们也是避而远走，坚决不与他们共处于一个空间。

杨绛看似柔弱娇小，其实骨子里十分勇敢坚韧。"校址离家很远，我饭后赶去上课，困得在公交车上直打盹儿。我业余编写剧本。《称心如意》上演，我还在做小学教师呢。"

这个小学教员的杨绛，就这样拉开了中国现代戏剧的大幕。她在育儿、育人之余，还要操持家务，照顾那个憨憨的丈夫钱锺书。当所有人都以杨绛为重，夸赞她的时候，唯有她对他信心百倍，她始终认为丈夫的天分要高于自己，为了让他的天赋发挥到极致，她甘心情愿，为他包揽下一切琐事。

这样，才有后来那围不住的城，以及学术史上留名的著作。

围不住的城

就在杨绛文学事业上崭露头角的时候，钱锺书却面临人生"至暗时刻"，他在上海居然成为找不到工作的失业生。

他们一家挤在辣斐德路的钱家，一住就是八年。孤岛岁月，最先感到的是经济困难。杨荫杭见此，将自己在震旦女校两个钟点的课让给了他。杨绛曾说自己在小学代课，写剧本，都是为了柴和米。

钱锺书自然也要为养家糊口而烦忧。有了老岳父的钟点还不够，他又招收了几名弟子，杨绛称他那时的收入全靠几个学生送来的"束修"。

钱锺书的二弟、三弟已先后离开上海。杨绛开玩笑说，没个正经职业的钱锺书算是最没出息的那一个。

有一个夏天，有人送来一担西瓜。我们认为决不是送我们的，让堂弟们都搬上三楼。一会儿锺书的学生打来电话，问西瓜送到没有。堂弟们忙又把西瓜搬下来。圆圆大为惊奇。这么大的瓜！

又这么多！从前家里买西瓜，每买必两担三担。这种日子，圆圆没有见过。她看爸爸把西瓜分送了楼上，自己还留下许多，佩服得不得了。晚上她一本正经对爸爸说："爸爸这许多西瓜，都是你的！——我呢，是你的女儿。"显然她觉得"与有荣焉"！她的自豪逗得我们大笑。可怜的锺书，居然还有女儿为他自豪。

有学生送西瓜给自己的先生，还有个学生给钱锺书送书。那个学生送书的方式也很特别。大约是为了体谅自己的先生在上海经济困难，所以他总是请自己的老师为他买书。不论什么书，全由老师选择。这简直就是鼓励和怂恿钱锺书买书了。并且，买来的书他从来不看，全由钱锺书代为珍藏。

这对困守上海的钱锺书来说，能够自由买书真的是莫大的享受。于是，他就在每一本书上印上"借痴斋"的印章。因为这是借来的一份痴，所以叫借痴斋。

然而，经济上如此困窘的钱锺书，曾经面对联合国的职位却婉言拒绝了。

朱家骅曾是中央庚款留英公费考试的考官，很赏识钱锺书，常邀请锺书到他家里便饭——没有外客的便饭。一次朱家骅许他一个联合国教科文的什么职位，锺书立即辞谢了。我问锺书："联合国的职位为什么不要？"他说："那是胡萝卜！"当时我不懂"胡萝卜"与"大棒"相连。压根儿不吃"胡萝卜"，就不受大棒驱使。

杨绛夫妇沦陷在上海期间，饱经忧患，饱尝世态炎凉。各色人等，粉墨登场。这种冲击，渐渐地让钱锺书这个"没出息"的人，竟然有了想写一本小说的冲动。他想将自己熟悉的人与事，那些知识分子的迂腐可怜相，可怜之余又很可悯，都写下来。完成一部新时代的"新儒林外史"。

杨绛在一篇《记钱锺书与围城》的文章中写下了事情的经过：

有一次，我们同看我编写的话剧上演，回家后他说："我想写一部长篇小说！"我大高兴，催他快写。那时他正偷空写短篇小说，怕没有时间写长篇。我说不要紧，他可以减少授课的时间，我们的生活很省俭，还可以更省俭。恰好我们的女佣因家乡生活好转要回去。我不勉强她，也不另觅女佣，只把她的工作自己兼任了。劈柴生火烧饭洗衣等等我是外行，经常给煤烟染成花脸，或熏得满眼是泪，或给滚油烫出泡来，或切破手指。可是我急切要看锺书写《围城》（他已把题目和主要内容和我讲过），做灶下婢也心甘情愿。

有了甘愿做灶下婢的杨绛的督促，钱锺书的《围城》说写就写了。当然，不消说，杨绛是他的第一个读者。他每次写好一点儿就读给她听，看她的反应，听听她的意见。

每天晚上，他把写好的稿子给我看，急切地瞧我怎样反应。我笑，他也笑；我大笑，他也大笑。有时我放下稿子，和他相对大笑，因为笑的不仅是书上的事，还有书外的事。我不用说明笑什么，反正彼此心照不宣。然后他就告诉我下一段打算写什么，我就急切地等着他怎么写。他平均每天写五百字左右。他给我看的是定稿，不再改动。

钱锺书写《围城》是 1944 年的事儿，那时抗战还在如火如荼地进行。等到完成的时候，抗战已经胜利了。"两年里忧世伤生"，这是钱锺书的原话。又要为这个危机四伏的国度忧愁，还要为生活在这里的众生伤感。这众生里自然也包括他自己。因此，他的心情之沉重可想而知。

然而，他偏偏用讽刺幽默的方式创作了这部长篇小说。

并且，他创作《围城》的同时，还写了另一本厚厚的截然不同的著作，那就是被奉为每个搞文学艺术的人都应该读一读的好书《谈艺录》。

"这本书整整写了两年。两年里忧世伤生，屡想中止。由于杨绛女士不断地督促，替我挡了许多事，省出时间来，得以锱铢积累地写完。照例这本书该献给她。"这本被夏志清誉为杰作的小说，甫一问世就风靡全国。

当时，他们的好友李健吾看完后，总是忍不住赞叹，想不到这个做学问的书虫子，怎么能写起小说来了呢？关键是还写得这样好！这是一部新儒林呀！

钱锺书不无骄傲又带着玩笑地说："你们只会恭维季康的剧本，却不能知道钱锺书《围城》——锺书在抗战中所写的小说——的好处。"

《围城》出版后，盛况空前，有许多人想求见钱锺书一面不得其法。更有无数的读者来信，那些激动万分的慕名而来的信件，雪花般飞向了钱锺书。

好在钱锺书回信很快，刷刷刷就写好了一封信。

但是，读者的厚爱也会令他感到"为难"。为此，钱锺书说了一句著名的话——如果你吃到一个鸡蛋，觉得好吃，你又何必去认识下蛋的母鸡呢？不过，这是几十年后《围城》改编成电视剧后的事情了。

随着抗战胜利，《围城》的出版，钱锺书迎来了事业的转折。他先是辞掉了震旦女校的钟点课，紧接着出任中央图书馆英文总纂，编写《书林季刊》，后来又兼任过暨南大学的教授，兼任英国文化委员会顾问。他们的交际也变得越来越广泛，在上海结识了一大批朋友。

这其中就有他们的好友宋淇——张爱玲的好友。宋淇在沪上喜欢宴请朋友，于是一帮知识分子都聚集到他的家里。在这里，钱锺书夫妇认识了傅雷夫妇，并从此结为一辈子的挚友。

傅雷性格严肃，为人正直庄严，脾气却有点暴躁，过于刚正。他的夫人朱梅馥温柔贤惠，是典型的中国传统女性，处处以丈夫为主，处处忍让。也许，傅雷这样的个性就该搭配朱梅馥这样的一个夫人吧。

傅雷学问很好，早年也在巴黎大学留学过。他清高自傲，平生极少有让他甘心情愿佩服的人，唯有钱锺书一人能令他如此。

钱锺书因为工作关系，每个月都要到南京汇报工作。因为，南京是当时的国民政府首都。他每次都搭早上的车去南京，晚上要很晚才能到家。有一次，颇为意外，他早早地就回来了。杨绛特别高兴，问他为什么回来这么早。他说有晚宴，自己趁早溜回来了。

这样的机会，对多数人来说，也许是求之不得的。可是，对钱锺书这个书呆子来说，却避之唯恐不及。与其和一批名流政要进行晚宴，还不如回家陪伴自己的妻子。

钱锺书和杨绛在复旦教授赵景琛的记忆里是这样的："像白朗宁和罗塞蒂那样，都是文艺上的双璧，一对理想伴侣。"他们确实是世上罕见的理想伴侣，羡煞旁人。

他们的老友夏志清，也正是在《围城》前后与他们相识的，钱杨两位当时还是三十多岁的青年学者、作家，他们在夏志清的笔下是这样的形象：

钱锺书定居上海后，我的朋友宋淇即同他交识。钱是非常健谈的人，有宋淇这样一位中西学问都不错的青年不时向他讨教，当然非常欢迎。我那时听到有关钱种种惊人的学问，都是宋淇转述的。有一次，想是1943年秋季，宋淇在家里开一个大"派对"，把我也请去了。我1942年大学毕业后，闭门读书，除找自己同学谈谈外，不到哪里去走动。那晚同不少文化人相聚一堂，可说是生平第一次。杨绛也是无锡人，人长得稍胖，很和蔼可亲，那时她的喜剧《称心如意》刚在上海演过，我不免向她恭维一番。钱锺书本人给我的印象，则好像是苏东坡《赤壁怀古》里的周公瑾，的确风流倜傥，雄姿英发，虽然他穿的是西装，也戴了眼镜。

看过一张写《围城》时期的钱锺书照片：短发偏分，脸型方正英俊，圆眼镜，目光炯炯有神，西装领带，外面是呢子大衣……

真是英气逼人，神采飞扬。

后来这张照片，圆圆头大了还拿它来练过手，为钱锺书画过一张肖像。

《围城》自出版以来，获得了举世瞩目的关注和肯定，然而说到这只"下蛋"的鸡本人，钱锺书却很不满意。他在序言中，以及后来一版再版的杨绛代为序言里，都提到他本人十分不满意这一点。

今天，仍有很多好事者或爱好者以为小说里的男主角方鸿渐就是钱锺书本人。但是杨绛是这样道出了方鸿渐的原委："方鸿渐取材于两个亲戚：一个志大才疏，常满腹牢骚；一个狂妄自大，爱自吹自唱。两人都读过《围城》，但是谁也没自认为方鸿渐，因为他们从未有方鸿渐的经历……方鸿渐和钱锺书不过都是无锡人罢了，他们的经历远不相同。"

但是，杨绛也承认钱锺书非常会抓人，抓人的特点。用她的话来说，就是抓"扼要"。例如他能抓住每个人声音里的"扼要"，由声音辨别说话的人，尽管是从未识面的人。"我爱读方鸿渐一行五人由上海到三闾大学旅途上的一段。我没和锺书同到湖南去，可是他同行的五人我全认识，没一人和小说里的五人相似，连一丝影儿都没有。"

杨绛凭借对钱锺书的熟悉和理解，曾经为《围城》写过一句颇有概括性的题词：围在城里的人想逃出来，城外的人想冲进去。对婚姻也罢，职业也罢，人生的愿望大都如此！

有意思的是这部小说后来在 20 世纪 90 年代初被拍成电视剧，反响甚大。导演黄蜀芹的父亲是当年执导杨绛剧作的黄佐临，也算是一段缘分。

《围城》的作者呢，就是个"痴气"旺盛的锺书。我们俩日常相处，他常爱说些痴话，说些傻话，然后加上创造，加上联想，加上夸张，我常能从中体味到《围城》的笔法。我觉得《围城》里的人物和情节，都凭他那股子痴气，可成了真人真事。可是他毕竟不是个不知世事的痴人，也毕竟不是对社会现象漠不关心，所以小说里各个细节虽然令人捧腹大笑，全书的气氛，正如小说结尾所说："包涵对人生的讽刺和伤感，深于一切语言、一切啼笑"，令人回肠荡气。

他们在上海辛苦度日——也不全是，杨绛身上的坚韧，很会苦中作乐。一家人长相作伴，平平安安，就是另一种平凡的快乐吧。然而，上海这孤岛，这围城，终究还是有城破的一日。

那时，美丽的思想就像鸟儿，翩然飞向世界。

只有死别，没有生离

忧世伤生的岁月，使人困顿的又何止是那一日三餐的生活呢？表面看来，那时的上海是东方巴黎，是冒险家的乐园，歌舞升平，各色人等在这座东方都市都找到了自己恰如其分的位置。

在这里有包着头巾的印度警察，也有来自法国优雅的绅士和落难的俄国旧贵族，甚至流亡的犹太人……大亨、小偷、工人、艺术家……应有尽有。

作为既要谋生又要民族气节的杨绛夫妇来说，日子过得不免比较吃力。民族危亡如一柄达摩克利斯之剑，高悬于他们的头顶，随时都有掉下来的危险。这是刀光剑影危机四伏的日子，每个中国人似乎都将头别在腰间地活着。

杨绛家住在法租界的辣斐德路，但是她任教的学校却在公共租界，距离有点远。她每天的行程是这样的——先乘车坐到法租界的边缘，紧接着她需要走上一段长长的路，一段既不属于法租界也不属于公共租界的路。直到走到公共租界内，她再乘坐电车过江。

过江可是个大难题。因为有日本兵把守，起先他们让乘客全体下车，空车先过江，乘客步行穿越黄浦江，到了对岸再上车。后来日本人改变了方案，他们让车子开到江面上，在桥中心停下来，有日本兵上车检查。全体乘客必须站起来，恭恭敬敬地接受审查。

有一次，杨绛站起来晚了。日本兵发现了，走过来，对着她，用一根手指在她颔下猛地一抬。这一动作一下子激怒了杨绛，她几乎是本能的反应，怒目相视道："岂有此理？！"

一车子的人听了这句话紧张到了极点，车内的空气仿佛都凝固了。日本兵和杨绛彼此对视，杨绛想到国恨家仇，瞪着他，毫不退缩。

就在大家都把心提到嗓子眼儿的时候，那个日本兵却踩着那笨重的军靴，一步一步走了。电车继续开动。好半天，车子里的人才缓过劲儿来。大家议论纷纷，有个人说："啊唷！啊唷！侬吓杀吾来！侬哪能格？侬发痴啦？"（啊唷！啊唷！你吓死我了！你怎能这样？你发痴啦？）

杨绛闷着气，一声不响。面对同胞的责难，她选择了沉默。过了好一段时间，她才从刚才的恐怖中走出来，庆幸自己逃过一劫，并暗暗发誓，以后再也不坐那趟车了，宁愿步行。

这是外表柔弱内里倔强的杨绛。

然而，这一次的惊险还不是最令人恐惧的。这次还是在一车人的公共场合被检查，下一次却是日本人登堂入室，一点预告也没有，一个招呼都不打，直接就找到了钱锺书的门上。关键是，你还不能拒绝，还得小心应对。杨绛不愧是"有勇有谋"，每临大事有静气的女性。

1945 年，日本兵败前夕，对上海的管控更加严厉，动不动就抓人审问。那年春天，某天上午，钱锺书出门上课去了，家里剩下杨绛和她的婆婆、弟弟，还有叔父在家。圆圆头在卧室里做功课，杨绛像往常一样忙着家务。

突然，一阵急促的敲门声响起。杨绛急忙去开门，迎面站着的却是两个日本宪兵。杨绛非常冷静理智，她请他们进屋来坐，然后趁着去倒茶的功夫，三步并作两步，走到卧室，赶紧将钱锺书《谈艺录》的手稿挪了个地方藏好，然后很镇定地倒了茶出去。

他们问："这里姓什么？"

"姓钱。"

"姓钱？还有呢？"

"没有了。"

"只你们一家？"

"只我们一家。"

家里人无意间看到日本人的小本子上写着"杨绛"两个字，叫她赶紧躲一躲。她跟家人交代了一句，趁日本人不注意，从后门溜了出去。她去了杨绛大姐的一个朋友家。朋友见杨绛来访十分高兴，她们像往常一样聊聊家常，还留杨绛在家吃了饭。

饭后，杨绛才告诉他们家里还有日本人在等她，并从朋友家里借了一篮子鸡蛋，然后从容地回到了自己的家。刚进门就看见她的婆婆一脸慌张，欲言又止的样子。她连忙示意婆婆不必言语，不用慌。

"我给你买来了新鲜大鸡蛋！又大又新鲜！"她一边大声说着话，一边上楼。家里果然如她之前预料的那样，已经被翻了一遍。

来人便问她："杨绛是谁？"

她回答了一句"是我啊"。

"那你为什么说姓钱？"

"我嫁在钱家，当然姓钱啊！"

杨绛装出恍然大悟的样子说："原来你们是找我呀？咳！你们怎么不早说？"她把篮子放在床上，抱歉说："我婆婆有胃病，我给她去买几个鸡蛋——啊呀，真对不起你们两位了，耽搁了你们这么多时间。好了，我回来了，我就跟你们走。"日本宪兵却摆摆手，让她第二天上午十点去日本宪兵司令部。

日本人走后，一家人吓得要命。杨绛自己倒是很镇定，该干吗干吗。她仔细地整理那些被翻乱的书籍、通讯录之类的东西，暗自庆幸钱锺书的《谈艺录》被她转移了。

第二天，她如约来到宪兵司令部，结果却是只问了几句话，填了一张表格，确保以后能联系到她就让她回家了。过后他们得知，原来日本人要找的那个杨绛不是她。

也是在这忧世伤生的两年里，杨绛夫妇经历了扬名上海滩的同时，也再次承受了痛失亲人的苦楚。

杨绛的剧作《弄真成假》上演。这一年的春天，杨绛接到家里的电话，说是父亲病重，让她回来。她听了很急切，和弟弟一道，找了一辆车就要往回走。

当时因为战争缘故，火车票一票难求。可是，坐汽车并不顺利，路上一段段都是路障，又是毁损又是河道，又怕劫匪。走到半途，司机害怕了，直接将车开回了上海。一到家，发现一家人沉默不语，都在客厅里等着她，一种不祥的预感袭上心头。钱锺书把她拉到暗处，悄声说刚才苏州来了电话，爸爸已经过去了。

一句话如巨石击中了她！这个疼爱她理解她总是支持她，关键时刻指点她的父亲，永远地离开了她！而她这个做女儿的，近在咫尺却未能见上他最后一面！从此以后，她就是个没有来处只有归程的人了。

她的母亲，她未能守在身边见上最后一面。这次是父亲，她的心头涌起痛苦和歉疚。

兜兜转转，她还是回到了苏州的家。

父亲去世后，我末一次到苏州旧宅。大厅上全堂红木家具都已不知去向。空荡荡的大厅上，停着我父亲的棺材。前面搭着个白布幔，挂着父亲的遗像，幔前有一张小破桌子。我像往常那样到厨下去泡一碗酽酽的盖碗茶，放在桌上，自己坐在门槛上傻哭，我们姐妹弟弟一个个凄凄惶惶地跑来，都只有门槛可坐。

杨荫杭去世以后，杨绛曾在霞飞路（如今的淮海路）一家珠宝店的橱窗里看见过他生前用过的物品。也不知道那些物品是怎样辗转到了上海的，也许是那时家里遭难，下人们"各取所需"拿走的，又因为生活所迫变卖了吧。

杨绛看了真有前世今生的苍凉之感。几年时间，她失去了她挚爱的双亲。战争期间，钱锺书的母亲后来也被送回了无锡老家。上海不断有空袭，家家户户安上了厚重的窗帘，外面黑里面红，人人生如蝼蚁。

大家又怕空袭的时候窗玻璃被震碎误伤人，窗户上都贴了像封条一样的东西。空袭来了，钱锺书一家也不出门躲避，只是藏身于自己家中。他对妻女说要死也死在一起。

经历了那么多悲欢离合、世态炎凉，他对着杨绛发愿道："从此以后，只有死别，没有生离。"

最贤的妻，最才的女

杨绛一生最为人所称道的是那一身东西古今相结合的气度，她常说我和谁都不争，和谁争都不屑。不卑不亢，没有居高临下的傲慢，也没有在下位者所常见的谄媚与驯顺。

她就像一株倔强的植物，严寒与酷暑，雨露风霜，一一经历，然后回到她童稚的心灵状态。但我们世人所有的赞誉，都不及她的灵魂伴侣钱锺书的八个字：最贤的妻，最才的女。

杨绛一生为钱锺书奉献自己的才智与体贴之理解，钦佩之欣赏，对他们共同的小家更是劳心劳力。她的身上可谓兼具东西方女性的美德。既有传统女性温婉贤淑的一面，也有现代女性独立自强的一面。

在沦陷区的时候，她的一双手和眼，就像自动练成的"机器"，能够一边打毛衣，一边看书。这是母亲的遗传，也是迫不得已的事情。家务总要有人做的，而读书成癖的她，作为作家的她，又不能不阅读。

这是她的精神食粮。因此，她才从一个大小姐，练成了这样同时做两件事的本领。她的婆婆因此对她大加赞赏。

钱家的儿媳妇不好当。何况，她的婆婆是个保守的旧派女性，为人谨小慎微，较为严肃，而她个性幽默，是个留过洋的女作家。然而，正是这个喝过很多洋墨水的儿媳妇让婆婆放心，向来难得对小辈说句外露的关心话语的婆婆，有一次竟然对杨绛说，要她多买点好的东西补补身体。

这对杨绛的婆婆而言，就算是十二分的肯定赞誉了。

杨绛因为身兼数职，又为钱锺书做"灶下婢"的缘故，居然累病了。要说什么病，却也无人能诊断出来。只不过，每天午后三四点钟的样子，总要发烧一阵子。此外，每个月还掉一磅肉的体重。她时常感到疲乏无力，病因一直找不到。

可是，即便在这样的时刻，对于朋友的需求，她也并不推辞，该帮忙的总去帮忙。陈衡哲女士——胡适的恋人，当时是他们在上海的朋友，陈衡哲人很瘦弱，双手捧不动三磅水的水壶，挪动个水壶也要杨绛来。自然，她是一定要去的。

更为要命的是，非但她自己发烧，家人也总是生病。

杨绛在《我们仨》里写下了这样的话：

贫与病总是相连的。锺书在这段时期，每年生一场病。圆圆上学一个月，就休学几个月，小学共六年，她从未上足一个学期的课。胜利之后，一九四七年冬，她右手食指指骨节肿大，查出是骨结核。当时还没有对症的药。这种病，中医称"流住"或"穿骨流住"，据医书："发在骨节或骨空处，难瘥。"大夫和我谈病情，圆圆都听懂了，回家挂着一滴小眼泪说："我要害死你们了。"我忙安慰她说："你挑了好时候，现在不怕生病了。你只要好好地休息补养，就会好的。"大夫固定了指头的几个骨节，叫孩子在床上休息，不下床，眼维生素A、D，吃补养的食品。十个月后，病完全好了。大夫对我说，这是运气。孩子得了这种病，往往转到脚部，又转到头部，孩子就夭折了。圆圆病愈，胖大了一圈。我睡里梦里都压在心上的一块大石头，终于落地。可是我自己也病了，天天发低烧，每月体重减一磅，查不出病因。锺书很焦虑。

一个母亲为自己心爱的女儿这样担惊受怕近一年，可想而知，其心力交瘁到怎样的地步。因此，杨绛那莫名其妙的低烧，其实也是为圆圆担忧所致。

1948年3月，钱锺书应邀参加了当时教育部组织的活动——前往台湾访问，同行的人共有二十余人，其中有中央图书馆馆长、上海博物馆馆长等人。大家都很兴奋，参观博物馆，与台湾学者交流。在台大举行的学术交流活动上，钱锺书做了名为《中国诗与中国画》的演讲。

台湾之行回来后不久，有一次，钱锺书和他的好友王辛笛聊天。王辛笛突然开玩笑地问他 uxorious（怕老婆的）是什么意思，钱锺书却也有趣，卖了个关子，回答说"不知道"。回家后却笑嘻嘻地跟杨绛说："王辛笛说我有誉妻癖。"

杨绛听了十分高兴，连忙问他："你誉我什么呢？"

中国有句老话叫"文章是自己的好，老婆是别人的好"，但对于钱锺书来说，却是"文章是老婆的好，老婆是自己的好"。可以这样说，他的一生在"誉妻"这件事上都是不遗余力的。当然，杨绛这样的贤妻也是世间罕见，他痴人有痴福。

那么，他是如何誉妻的呢？

他随口列举了三件事："一是你写的剧《称心如意》，剧本是第一次操刀，却获得了无数声誉，你一夜成名可是还是跟以前一样，丝毫没有受到影响，照旧烧饭、洗衣、料理家务。那时我还在生病，没有去看戏，你没生我气，还照顾我吃药。第二件事是日本人那次来家里要抓你去讯问，你不慌不忙，随机应变假装倒茶的工夫把我的《谈艺录》稿子藏好，免得遗失。日本人传你让你第二天上午去宪兵司令部，我都担心得睡不着，你却很镇静，那晚还睡得挺香。第三件事是家里的佣人把煤油炉灌得太满，煤油溢得到处都是，一点火，油全着了，火势迅猛，火舌四蹿，周边都是干柴，一旦点燃后果不堪设想。佣人早已吓呆，你过来一看火势凶猛，用浸水棉被去灭火已经来不及，你顺手拿起一个近旁的尿罐倒扣下去，一手抄起铲子用炉灰扑灭其余的火苗，一下子就把火压住了下去。"

杨绛听到这里，赶紧制止他继续说下去。因为，如果不制止的话，钱锺书一定会说个没完。他的内心无比骄傲满足，一番话说下来杨绛也很得意。他们一辈子不吵不闹，杨绛从不以爱之名干涉钱锺书的事情。这一点，看似简单，其实最难。

有人以为钱锺书对杨绛的八个大字赞誉，"最才的女"可能难以做到，"最贤的妻"容易做到。其实，多数人的一生，一个也做不到。最才的女固然很难很难，最贤的妻却难上加难。

风前灯灭，川上月留

朴素的低音号

1945 年 8 月日本投降后，举国欢庆。上海市民走上街头，到处是笑脸，到处是欢庆。唯有杨绛一个人，她在人们欢笑的时候，独自躲在一角，默默地落泪。

这泪水滋味万千，既有终于赶走侵略者的喜悦，再也不用担惊受怕了，也有这些年难以言说的苦楚，她的双亲没能等到日本投降的这一刻。

紧接着就是等待上海的解放。

1949 年的上海，谣言遍地，人心惶惶。大家都在选择，或者说被选择，不知该往左还是往右，迷茫和慌乱充斥着众人的心灵。钱锺书夫妇倒没有如此，他们似乎一直都很镇定。哪怕当时，他们在上海的邻居都搬走了，他们也没有走。

有一次，杨绛看见进驻的解放军战士，朴实可爱，几个人分享一根冰棍，宁愿自己啃干粮，也不看橱窗里的蛋糕。

当然，像他们这样知名的青年知识分子，自然是有很多橄榄枝的。换句话说，他们的选择机会要远远胜过大多数人。台湾大学、香港中文大学都曾欲聘请钱锺书，他都拒绝了。为什么？今天，许多人也许觉得匪夷所思。

在历史的路口，他们为什么会选择留下而非出走。真相嘛，说来也同样简单朴实。

杨绛在《我们仨》和《干校六记》中皆有所披露。

> 郑振铎先生、吴晗同志，都曾劝我们安心等待解放，共产党是重视知识分子的。但我们也明白，对国家有用的是科学家，我们却是没用的知识分子。

> 我们如要逃跑，不是无路可走。可是一个人在紧要关头，决定他何去何从的，也许总是他最基本的感情。我们从来不唱爱国调。非但不唱，还不爱听。但我们不愿逃跑，只是不愿去父母之邦，撇不开自家人。我国是国耻重重的弱国，跑出去仰人鼻息，做二等公民，我们不愿意。我们是文化人，爱祖国的文化，爱祖国的文字，爱祖国的语言。一句话，我们是倔强的中国老百姓，不愿做外国人。我们并不敢为自己乐观，可是我们安静地留在上海，等待解放。

这是一个老人朴素的声音、朴素的音号。这不是杨绛一个人的声音，还是钱锺书的声音，更是一代知识分子的心声。

> 我们的国家当时是弱国，受尽强国的欺凌。你们这一代是不知道，当时我们一年就有多少个国耻日。让我们去外国做二等公民当然不愿意。共产党来了我们没有恐惧感，因为我们只是普通

老百姓，又没钱不是革命对象。当然，我们也没有奢望，只想坐坐冷板凳。当时我们都年近半百了，就算是我们短命死了，就死在本国吧。

这份拳拳赤子之心，用钱锺书的话来说，倒是"衣带渐宽终不悔，为伊消得人憔悴"，当然是为祖国消得人憔悴。他天性幽默，常爱引经据典，用古诗词来表达爱国之情正像他的个性。

其实，钱杨二人早在 1938 年计划从巴黎归国的时候，就表达了这样的心情。

那时，钱锺书给牛津的同学写了一封信，信里说："人的遭遇，终究是和祖国人民连在一起的……不是故国之外无世界，但不是我的世界。"

京华烟云，散了又聚

1949 年是个注定要载入史册的年份。我们每个人都生活在特定的时代，纵使有的人试图逃避他的时代，最终也是枉然。

个人命运总是与家国相连，与时代的脉搏一起跳动。这一年春天，战乱几近结束，人们在盼望中迎来久违的和平。杨绛因过度操劳，总是疲乏。钱锺书便想带着她去散散心。去哪里呢？地点选择了杨绛小时候曾经居住过的江南名城——杭州。

虽说钱基博曾在浙江大学教过书，可是他的儿子钱锺书，同为江南之子的他，却从未到过杭州。这是他们自欧洲游学归国后，难能可贵的一次出游。他们自归来之日起，国家就一直在动荡不安中。他们在忧世伤生中度过了7年，其间聚散两依依，时而昆明时而湖南，时而无锡、苏州时而上海。

他们最终在上海站稳了脚跟，算是在风雨飘摇中有个寄居的家。

两个人非常愉悦，虽然只有短暂的四天。春日江南最是美丽，日出江花红胜火，春来江水绿如蓝……小楼一夜听春雨，深巷明朝卖杏花……

仿佛古典里最美的景致，汉语里最美的词汇，都献给江南了。他们曾经在抗日战争时期那黑暗的岁月里畅想过，如果能平安健康地活着，将来一定要到杭州去看看。现在，愿望实现了。钱锺书十分激动，登车时甚至说下这样的话："四年夙愿，今日始偿。"

也是在这一年的夏天，清华大学到上海招聘。钱锺书前去应聘，他想带着妻女换个环境。杨绛那每天下午三四点钟就发低烧的毛病，始终未好，原因不明。钱锺书对杨绛说，也许换个地方就好了。

果真如此。

一九四九年夏，我们夫妇得到清华母校的聘请，于八月廿四日携带女儿，登上火车，廿六日到达清华，开始在新中国工作。

钱锺书曾经兜兜转转的聘书，如今"晚"到了几年，终于还是来了。

锺书教什么课我已忘记，主要是指导研究生。我是兼任教授，因为按清华旧规，夫妻不能在同校同当专任教授。兼任就是按钟点计工资，工资很少。我自称"散工"。后来清华废了旧规，系主任请我当专任，我却只愿做"散工"，因为我未经改造，未能适应，借"散工"之名，可以逃会。

妇女会开学习会，我不参加，因为我不是家庭妇女。教职员开学习会，我不参加，因为我没有专职，只是"散工"。我曾应系里的需要，增添一门到两门课，其实已经够专任的职责了，但是我为了逃避开会，坚持做"散工"，直到"三反运动"。

在这场运动前，杨绛一家三口算是度过了一段难得的平静时光。钱锺书向来是名师，走到哪里都受到学生的欢迎。他渊博的知识、风流倜傥的风度、旁征博引的授课风格，再加上幽默风趣的个性，使他刚回到清华外文系就成为炙手可热的教师。那时，他的每月薪水被评定为1100斤小米，只比系主任少20斤。

其受重视和受欢迎程度可见一斑。外文系换系主任，教务处的领导也要征求钱锺书的意见。至于杨绛，她虽然自称是打散工的，但是她谦逊严谨的个性，让她赢得学生的喜爱和尊重。

名为散工，其实她教起书来非常认真用心。当时清华大学的翻译课有位老师只教中译英，不教英译中。系里找到杨绛，请她帮忙，她听后二话不说就答应了。教翻译，杨绛很有经验，也很细致。她渊博的知识系统，对东西方文化的熟悉，以及对中英两种语言的了解，让她得以从容地进行分析，并对译本进行比较讨论。她的授课风格非常受欢迎。

在这期间，杨绛读书创作不断。有一次，她偶然间看到一本英文小说《小癞子》，她被深深地吸引了，当下决定翻译成中文，将它介绍给更多中国读者。

这是一本16世纪西班牙文学名著。书里的典故出自《圣经》，里面有个癞皮花子名叫拉撒路。这个名字成为一切癞皮花子乞丐等的统称。杨绛在翻译的时候，考虑怎样不失去其本意，又要跟中文语境接近。

中国古典小说里也有接近这个叫法的，对这样的人我们叫"喇子"。考虑再三，杨绛把"喇子"和"癞子"的音转了一下，这便有了后来的《小癞子》。

《小癞子》的作者究竟是谁，无人知晓。但它是举世公认的"流浪汉小说"鼻祖。杨绛翻译好之后，这本著作由上海开明书店出版发行。此书一经出版，立刻受到读者的欢迎，一版再版。从此之后，杨绛才算是真正走上了翻译家的道路。

这本《小癞子》也算是她和西班牙文学结下了深厚的缘分，为以后的皇皇巨作《堂吉诃德》的翻译打下了基础。此外，她还抓紧其他文学创作，主要是小说方面的。其中《小阳春》受到的赞誉颇多，钱锺书也很欣赏。

钱锺书在回到清华任教一年后，被选为中共中央毛泽东选集英译委员会，任务自然是参与翻译。

杨绛在《我们仨》里写道：

（钱锺书）住在城里，周末回校，仍兼管研究生。毛选翻译委员会的领导是徐永煐同志，介绍锺书做这份工作的是清华同学乔冠华同志。事定之日，晚饭后，有一位旧友特雇黄包车从城里赶来祝贺。客去后，锺书惶恐地对我说："他以为我要做'南书房行走'了。这件事不是好做的，不求有功，但求无过。"

然而秉持但求无过的钱锺书，即便是在毛选委员会里，也没能改掉他那率直的口无遮拦的个性。钱锺书字默存，就是他的父亲钱基博给取的。父亲见他很喜欢臧否人物胡说八道，希望他少说点，少得罪人，少惹祸，于是才有了"默存"。

杨绛说，显然这个默存完全没有起到任何克制作用。他依然故我，还是照说不误。他在毛选委员会的时候，指出毛泽东书里有错误。这是跟《西游记》情节有关的内容，钱锺书从小熟读这本书，十分喜欢。他小时候被过继给伯父，伯父对他十分疼爱，几乎像个慈母。这和钱基博的严厉大不相同。因而，他在伯父的家里看了很多演义小说，什么都看，只有在伯父家才能这样自由"放肆"，因为很多书籍在钱基博那里是不被允许的。

也多亏了他自小驳杂的兴趣，才有了后来那个风趣渊博的钱锺书。

这段时间的圆圆过得特别轻松快活，几乎是家里最欢喜洒脱的那个了。她跟着父母一起离开上海的时候，还是个刚满十二岁的孩子，一手抱着洋娃娃，一手提着小小的手提袋，手提袋里全是她为娃娃做的衣服，那时的她非常懂事。

她到清华后，原本要进入清华附中上学，但是校方认为她要从一年级读起。那时的初中生还有很多会要开，时间又总是挑选在午后。这让她十分担心，因为圆圆头的病刚好不久，午休是必要的休养。

杨绛思考后干脆决定让圆圆头休学，功课全部由她来上。这给了阿圆很多自主时间。她有时也会帮助父亲做点事，比如帮助他给学生登记分数什么的。这个活本来很枯燥，没什么特别的，但是从小就观察敏锐，记忆力又好的圆圆头，却能发现钱锺书也没能发现的细节。

那会儿她才多大呀。她一个小人儿，就能从学生试卷上墨水的颜色判断出哪两个人是一对。原来，他们用了与众不同的紫色墨水。后来经过检验，他们果真是恋人。

聪明的圆圆头，最让父母心疼的是她的懂事体贴。钱锺书进城工作，嘱咐阿圆照顾好妈妈——居然不是让妈妈照顾圆圆头。

可爱的圆圆头十分负责任地答应了爸爸，并且以超出父母预期的方式照顾妈妈。那时他们家帮忙的老李妈年老多病，生病回家休养去了。大雪天，圆圆头跟杨绛说："妈妈，该撮煤了。煤球里的猫屎我都抠干净了。"

想象一下，做母亲的杨绛在听到这样的话时是什么心情。她明明知道母亲不会让她去撮煤，又冷又脏。而她那双稚嫩的小手才刚痊愈不久。杨绛一定是既心暖又心酸心疼，这样乖巧懂事的女儿啊！

杨绛还记录下了这样一件小事：

有一晚她有几分低烧，我逼她早睡，她不敢违拗。可是她说："妈妈，你还要到温德家去听音乐呢。"温德先生常请学生听音乐，他总为我留着最好的座位，挑选出我喜爱的唱片，阿瑗照例陪我同去。

我说："我自己会去。"

她迟疑了一下说："妈妈，你不害怕吗？"她知道我害怕，却不说破。

我摆出大人架子说："不怕，我一个人会去。"她乖乖地上床躺下。可是她没睡。

我一人出门，走到接连一片荒地的小桥附近，害怕得怎么也不敢过去。我退回又向前，两次、三次，前面可怕得过不去，我只好退回家。阿瑗还醒着。我只说"不去了"。她没说什么。她很乖。

阿瑗个性方面有些地方像父亲钱锺书，有些地方像母亲杨绛。在自制力这方面，向来像杨绛。她休学在家，学习上虽有母亲指导，但杨绛忙于家务以及教学，还要创作，能留给她的时间非常少。

杨绛给她买了初中二、三年级的课本，数理化由杨绛辅导。周末的时候，钱锺书回家就辅导她中英文。代数越来越繁，杨绛就想偷偷懒，于是就问圆圆头："妈妈跟不上了，你自己做下去，能吗？"

圆圆头特别听话，做起数学来无师自通。这一点倒是完全不像她那个数学糟糕的父亲，她的全面发展很像母亲杨绛。

　　杨绛见她完全能跟得上，过一天就问她能否自学。她爽快地答"能"。过了几天，杨绛不放心，对女儿说你要是不会，跟不上的话呢，你就早点说。圆圆头表示完全可以。这样，杨绛就为她买了一套参考书，直接"放羊"。

　　圆圆头很争气，虽然休学在家两年，但是靠自学于 1951 年秋天考取了贝满女中——当时的女十二中，她的代数得了满分。

　　遗憾的是，这样恬静美好的生活，并没有维持多久。

落在纸上的雪

　　1951 年，一份影响全国亿万知识分子的报告诞生了，报告的名字叫《关于知识分子的改造问题》。报告号召全体知识分子进行思想改造运动，努力成为文化战线上的革命战士，展开批评与自我批评。

　　那时的杨绛还是清华的"散工"，她一生不喜欢站在政治的洪流中，躲避政治会议，然而政治不是你想躲避就能躲避的。有人开始对杨绛有意见，询问杨绛为何每次开会都不来。杨绛听闻后，心内忧惧。此后开会次次都到，学习讲话精神。

　　与此同时，全国范围内开始了"反贪污、反浪费、反官僚主义"的"三反"运动。所谓知识分子思想改造，俗称"脱裤子、割尾巴"，也被称为"洗澡"。杨绛后来写有长篇小说《洗澡》，说的就是这个时期的事情。小说一如既往杨绛的风格，含蓄幽默——哪怕是在写苦难的时候，她的笔始终能让人笑中带泪。

运动一旦开始，高校校园就不再是平静的所在了。整天开会，开会之余，清华校园里举办了一次小型书展，展出的均为所谓资产阶级腐朽思想的书籍。那些曾被杨绛串过门的"邻居"，如今在那里接受众人的审判。

当时的外文系有三门功课非常危险，那就是诗歌、戏剧和小说。后来这三门课改成选修课，诗歌和戏剧学生退选，也就取消了。可是杨绛教授的英国小说课程，依然有学生选，杨绛只好继续上。

但是她不得不改变授课风格，少讲文学方面的，多讲语法方面的。因为语法方面的属于技术层面，而非思想和审美层面。别人就算是想找她的茬儿，也不好找。她以为这样大概总是可以了。

锺书在城里也参加了运动，也洗了个澡。但毛选翻译委员会只是个极小的单位。第一年原有一班人，一年后只留下锺书和助手七八人。运动需人多势众，才有威力；寥寥几人，不成气候。清华大学的运动是声势浩大的。学生要钱先生回校洗中盆澡。我就进城代他请了两星期假，让他回校好好学习一番再"洗澡"。

钱锺书虽然留给世人的印象是狂傲，但他其实是个"很乖"的人。他回校后就和杨绛一起参加各种各样大大小小的会，学习如何洗澡。他洗了中盆澡，杨绛洗一个小盆澡。他们认真检讨自己，用杨绛的话说，是既忠诚又老实，不管是不是问题，只要她能想起来的，都一一写下交代。

有一天，杨绛夫妇和清华同事一起排队，见一位党代表。那位代表见了他们，一一和他们握手："党信任你。"

这样，他们就算暂时洗干净了。

1952 年，全国院系调整，他们两人都被调到文学研究所外文组做研究员。文学研究所的编制暂时属于北大，因此他们一家随之从清华搬到北大所在的中关园。那是新北大，旧燕京所在地。

搬家的时候，钱锺书和圆圆头都在城里，只有杨绛一个人，难免忙乱。她忽略了他们的猫咪。等到周末再回清华找到了猫咪，用布袋子装到中关园的时候，猫咪一直瑟瑟发抖。虽然带到了新家，最终猫咪还是走了。没了猫咪的钱锺书一家，十分伤心。动荡中，连一只小生灵也感到不安。

从毛选英译委员会回来的钱锺书，突然间变得无处安放。文学研究所里的外文组已经满员了。当时的文学研究院院长是郑振铎，他同时还兼任古典文学组的组长。于是，他将钱锺书借调到古典文学组，给他安排了一个任务，选注宋诗。这一借调就是永远，此后的钱锺书再也没有回过他喜欢并擅长的外文组。

钱锺书一开始觉得非常委屈，因为他对于中国古典文学来讲，不是科班出身。这还不是最主要的，最重要的原因是他从清华读本科开始，一直到牛津和巴黎，学的都是外国文学，归国后也一直教外国文学。现在突然之间让他放弃自己的半生事业，像个半路出家的人一样，投入到古典文学事业中，这其中的委屈不言自明。

但钱锺书就是钱锺书，他后来在古典文学研究方面的建树有目共睹。在这些日子里，他们一家三口几乎过着离群索居的生活。他们害怕惹是非，于是就尽量少与人来往，时常在家里工作。

偶尔他们偷偷地溜出去玩耍，一家人常去颐和园的后山，在那里与一株株树木相对比较安全。植物比人安全，动物也是。于是，动物园也成为他们喜欢逛的地方。

他们仔细地观察每种动物，仿佛是人的众生相。不同动物有不同动物的个性表现。他们喜欢的是一对小熊猫，安静地并排坐在窗口，不跑不闹，不像其他动物那样满笼子走动。熊也很聪明，然而更聪明的是大象。因为大象的聪明不外露，一般人看不出来。

还有灵活的猴子、丑陋的河马，以及见了食物就不顾夫妻情分的狮子。他们很爱大象，朴实厚重又聪明的大象。其实他们自己不就像那对熊猫和那只大象吗？后来她在写知识分子思想改造的小说《洗澡》里，曾写过一个非常叫人厌烦的不学无术的丑女人，那女人在小说里的绰号就是"河马"。

仔细想来，原来跟这段时间的经历以及逛动物园有关。

杨绛如此谈论这段经历：

"三反"是旧知识分子第一次受到的改造运动，对我们是"触及灵魂的"。我们闭塞顽固，以为"江山易改，本性难移"，人不能改造。可是我们惊愕地发现，"发动起来的群众"，就像通了电的机器人，都随着按钮统一行动，都不是个人了。人都变了。就连"旧社会过来的知识分子"也有不同程度的变：有的是变不透，有的是要变又变不过来，也许还有一部分是偷偷儿不变。

我有一个明显的变，我从此不怕鬼了。不过我的变，一点不合规格。

他们其实就是那对偷偷儿不变的人，在时代的洪流中能够有自己的独立判断，这是何等艰难啊！这些纷纷扬扬的，落在纸上的雪花，打湿了知识分子的眼睛，也打湿了大家的心。

谁会想到，这只是漫长的序曲？

寥落，见人心

运动的风，一阵狂似一阵。就连那个总给杨绛留下最好位置，挑选她最爱听的唱片的教授温德——一位外籍教授的课，也受到了不同程度的干扰。

早年间，钱锺书和杨绛都是他的学生，后来成为同事。院系调整后，温德教授一直在北京大学西语系担任教授。当年有个他的老学生，过来让温德用马克思主义来讲解文学。

这本来倒不能算得上是多大的罪过。然而，这个学生思想极"左"，对马克思主义的理解过于褊狭，否定了多数文学经典，这就让温德先生特别恼火。他对杨绛说，我提倡马克思主义的时候，他还在吃奶呢！他倒来教老奶奶嗑鸡蛋！

这时候，也有杨绛的老友跟杨绛说，你那一套不行了，让我来教教你。杨绛表面上答应，私下里压根儿就回避。

杨绛在"洗澡"前，左思右想，不明白自己的思想根源问题出错在哪里。一个好心人路过她身边的时候反反复复地说一句话——Animal Farm（动物农场）。她一下子就明白过来了，这是英国作家乔治·奥威尔的一部反乌托邦寓言小说。杨绛曾在课堂上，讲英国当代小说时对它进行了介绍。讲过这部小说，这就是她的"问题"。她如实交代，因此她的洗澡顺利过关。负责"洗澡"的全校学习领导小组还将她的检讨作为范本进行表扬。

杨绛的思想检讨一次性通过，这是幸运的。学生们认为她的问题倒不是很大，主要是不上进，满足于当贤妻良母，没有新中国主人翁的感觉。杨绛有位"活动家"朋友，还为此特来祝贺她。

杨绛后来跟着这位亲戚一起参加了一次控诉大会，关于高校教师如何受资产阶级腐朽思想影响，以及用此来毒害学生的大会。本来是听着别人的控诉的，突然之间，一个杨绛压根儿就不认识、没见过的女学生站起来对她进行了严厉的控诉。

"杨季康先生上课不讲工人，专谈恋爱。"

"杨季康先生教导我们，恋爱应当吃不下饭，睡不着觉。"

"杨季康先生教导我们，见了情人，应当脸发白，腿发软。"

"杨季康先生甚至于教导我们，结了婚的女人也应当谈恋爱。"

这一番话下来，如惊雷般在会场里炸响。一字一句如同箭矢般射向毫无准备的杨绛。大家都目瞪口呆地望向中心人物杨绛，杨绛自己更是瞠目结舌。她脑中搜集了一遍自己的思想问题，想起那天检讨的时候，也只是提了反动小说，压根儿就没有谈恋爱这回事。当时一致通过，并没有什么人提出质问。现在，突如其来的质问令她惊颤，而她那位"活动家"亲戚早已不见踪影了。

散会后，大家如同避瘟疫般避开她。唯有系主任一人走过来，悄悄地问她："你真的说了刚才那些话吗？"

杨绛反问："你想我会吗？"

系主任立刻说道："我想你不会。"

杨绛对系主任的关心和支持心中十分感激，但为了不连累他，就远远地保持距离，不再和他多说一个字。

杨绛性格坚韧，能屈能伸，不管受了多大的屈辱，总还是心平气和地如常生活。带着不解与委屈而独自回到家的她，女佣已经睡着了。而钱锺书和阿瑗又在城里，无人安慰，万事需要自己排解。"假如我是一个娇嫩的女人，我还有什么脸见人呢？我只好关门上吊啊！季布壮士，受辱而不羞，因为'欲有所用其未足也'。我并没有这等大志，我只是火气旺盛，像个鼓的皮球，没法按下凹处来承受这份侮辱，心上也感觉不到丝毫惭愧。"于是，她竟然能在这样的情况下如常地看书，然后安然睡去。

第二天一早，她甚至还特地打扮得喜气盈盈的，挎着篮子去菜市场买菜，专挑人最多的地方去，借此看看周围人的反应如何。

有的人见了她就躲开，有人则是佯装不认识，还有人一切如常，见面依旧跟她打招呼。这一番"菜市场现形记"也算是一人间喜剧。

没过多久，《人民日报》上便刊登了女学生控诉杨绛的文章，杨绛心想这下教师生涯肯定要到头了。没想到，到了下学期，课程非但没有取消，还有很多学生来上她这个"恋爱教师"的课。

政治运动虽然层出不穷，钟书和我从未间断工作。他总能在工作之余偷空读书；我"以勤补拙"，尽量读我工作范围以内的书。我按照计划完成《吉尔·布拉斯》的翻译，就写一篇五万字的学术论文……

恰在"反右"那年的春天，我的学术论文在刊物上发表，并未引起注意。钟书一九五六年完成的《宋诗选注》，一九五八年出版。"反右"之后又来了个"双反"，随后我们所内掀起了"拔白旗"运动。钟书的《宋诗选注》和我的论文都是白旗……钟书于一九五八年进城参加翻译毛选的定稿工作。一切"拔"他的《宋诗选注》批判，都由我代领转达。后来因日本汉学家吉川幸次郎和小川环树等对这本书的推重，也不拔了。只苦了我这面不成模样的小白旗，给拔下又撕得粉碎。我暗下决心，再也不写文章，从此遁入翻译。钟书笑我"借尸还魂"，我不过想借此"遁身"而已。

这是钱锺书借调到古典文学小组后的第一份重要工作。他耗费了巨大的心力，以一己之力读遍宋诗，又以一己之力选定诗稿。其中，没有一个助手。只有杨绛这个贤内助。陪他买书，替他剪贴，和他一起商榷诗稿。

他从浩瀚的书海里挑选了这些诗，其工作量的巨大是常人难以想象的。若非对文学的热爱，对学术的钻研精神的坚守，最后的《宋诗选注》是无法完成的——至少不是眼下我们看到的能够传之于世的版本。

然而，学无止境。饶是如此，还是有人对钱锺书的工作表示了异议。有人认为他的选目欠佳。对此，钱锺书自己也承认，因为在当时的环境下，有些他喜欢的诗却不能被选入，难免割爱。还有一些，为了符合当时的政治导向，也许没那么好，也得选进来。但像众所周知的文天祥的《正气歌》，就是他特别大胆的不选。能做到如此，已经十分难得了。

当时没有现成的《全宋诗》给他看，他要搜集的书籍太多了。全亏杨绛的陪伴和交流，难怪杨绛将夫妻关系中的朋友关系看得那样重。日日相伴，若不是个贴心朋友，没有话说，那该多么孤独无助啊！

风前灯易灭，川上月难留

人生如海，万人如海一身藏。

杨绛在长久的政治风暴中早已学会了一套隐身衣哲学，或者说甘当零的觉悟。杨绛和钱锺书在运动中受到打击，钱锺书被人举报，说他是个"思想反动"政治复杂的教授。杨绛作为没和他划清界限的妻子，自然也一并打入"冷宫"。第二次全国文艺工作者代表大会，文学研究所的所有研究员都是代表，除了钱锺书和杨绛。

随后，外文组集体编写的《西洋文学史》，唯有杨绛一个人被排除在外。但是吊诡的事情却是这样的——虽然他们夫妇都是反动教授，可是他们的才学得到研究院同仁的认可钦佩。因此，杨绛虽然不是这本书的编委，但是一旦作者、译者和责任编辑起了冲突，他们还是要来请教杨绛，请她决断。

最终审阅书稿的时候，杨绛这员猛将发挥了大作用。他们对她的每条意见都很服气。他们以为，杨绛的工作背后必然是有钱锺书帮助。这让她啼笑皆非的事儿，虽然有点令她委屈，但她也不放在心上。只要最终的结果大家满意就好。

何况，那个叫人佩服的对象还是自己的丈夫呢？她的一生总是不遗余力地对人说自己的才学有限，钱锺书才是个难得一见的天才。她甘当天才背后的女人，甘愿为他奉献自己的才智与生命。

这就是她甘当零，做一件隐身衣的哲学。

自然，远不止于此。在波谲云诡的政治风波中，她的这套处世哲学让她远离风暴中心，更好地保护了自己和家人。别人踩她骂她，又不少什么，她过后总能调整心态，恢复到正常状态去工作去学习。

反过来，这种隐身衣哲学也给了她局外人的身份，让她尽可能地站在风暴边缘保持清醒，观察芸芸众生的表演，以及一个民族的不幸。

半夜灯前，雕刻时光

人世悲欢一梦

在层出不穷的斗争之中，杨绛和钱锺书夫妇，还是尽一切可能地阅读写作。我们这样的后来人几乎难以想象，在他们被打倒的这些年，杨绛为了能更好地翻译西班牙名著《堂吉诃德》，1958年，近五十岁的她开始自学西班牙语。钱锺书流传于世的学术著作《管锥编》，也是在这艰难时刻锱铢积累地创作的。

他们都很喜欢苏轼的一句诗：万人如海一身藏。是啊，人头攒动，人人都想往上爬，唯有他们只想要个安静的读书所在。用钱锺书的话来说，就是"容安"，只要有他们的安身之处就可以了。

因此，他们给自己的小窝取名"容安室"。钱锺书写有一系列的容安诗稿。他们向往陶渊明的那份诗意、苏轼的那份豁达洒脱，并赞同英美人对社会现状的说法——蛇阱。"阱里压压挤挤的蛇，一条条都拼命钻出脑袋，探出身子，把别的蛇都排挤开，压下去；一个个冒出又没入的蛇头，一条条拱起又压下的蛇身，扭结成团、难分难解的蛇尾，你上我下，你死我活，不断地挣扎斗争。钻不出头，一辈子埋没在下；钻出头，就好比大海里坐在浪尖儿上的跳珠飞沫，迎日月之光而生辉，可说是大丈夫得志了。"

1955 年的时候，杨绛接到一份特别邀请，5 月 1 日劳动节那天可到天安门广场观礼。这对别人来说也许是莫大的荣耀，可以大书特书一笔。然而，杨绛一切如常。照常参加观礼，照常回来。伟大崇高感伴随着个人的渺小感，一起袭来。

大鸣大放的时候，有人怂恿杨绛鸣放。这其中有吴晗、萧乾等人，他们都来动员钱杨两位。他们不愿意"奉旨鸣放"，杨绛嘱咐钱锺书，饭少出去吃，话少讲，不要随波逐流。

后来，那些劝他们鸣放的人都被打成右派。冯友兰的女儿冯钟璞问杨绛："杨先生，你为什么有先见之明？"杨绛回答："我毫无先见之明，只是不喜欢跟着起哄而已。"

鸣放之后是"大跃进"，紧接着文学所开始分批派人到乡下接受再教育。杨绛是第一批。那时一家三口分居三地，圆圆下放到炼钢厂锻炼。钱锺书要比她晚一个月下放，她颇有点放心不下，因为那个生活不能自理的丈夫，她无论走到哪里都很牵挂，这次要靠他自己打点行装了。

按理说这一次的下乡，杨绛可以被免除。当时规定四十五岁以上的女同志可以不用下乡，杨绛主动要求下乡锻炼。她很好奇乡下生活究竟是怎样的，另一方面，她想看看自己能否和农民打成一片。

为着这样的目的，她和一些同事一起被分到了郊区山村。这帮知识分子，到了乡下还是难改旧日习惯。他们瞧见一些乡里人比较特别的，就用绰号代替本名。很快，"堂吉诃德"和"蒙娜丽莎"都来了。

可是下乡锻炼说着简单，其实很艰辛。尤其这些久居城市、习惯书香陪伴的知识分子，突然要干起粗重的活儿，一双手又脏又累。杨绛负责剥玉米，她很快和干这个活儿的老大娘熟悉了。她走到哪里都凭借其善良谦和的待人品格，获得令人羡慕的好人缘。

过了劳动关，还有好几个关口等着杨绛呢。

首先，就是居住关。生性爱干净的杨绛，要在孩子尿湿过的被子里过夜。他们先是住在灰尘扑鼻的冷炕上，后来在托儿所的教室里，睡在桌子拼凑成的"床"上。

这些，杨绛都过来了。

其次，是关于吃，这也是个大问题。起初，他们对老乡们的粗茶淡饭感到好奇而满足。早上稀粥，主食是玉米面做成的窝头。一开始的新鲜感很快被不经饱和单调所取代，人人都感到饥饿的袭来。杨绛有一次做梦，梦见桌子上的小碟子里有两个荷包蛋，她推开说："不要吃。"醒来后，她将这个梦告诉了同去的同伴，同伴埋怨她怎能不吃这样的美味。

吃早饭的时候，杨绛又讲给了同桌的老先生，依旧是引来一片责怪声。在这以后，他们就养成了"过嘴瘾"的习惯，大家空闲的时候聚在一起，专门讲吃的，各式各样的美味，那些吃不到的美味，好像这样讲了以后便可以舒缓饥饿感。

　　正如思乡的人们聚在一起，各自谈论自己的故乡，怎样的山水，怎样的植物，怎样的乡邻……人们在讲述中，获得了分外满足。

　　过了吃的这一关，尚有卫生关要过。杨绛下放的地方很缺水，这对喜欢清清爽爽的杨绛来说，又是头疼无比的事情。因为缺水，他们每天很少洗手，更不洗脸，她的手背比手心略微干净些，每天吃过饭，她就用舌头把自己的嘴舔干净，然后再用手背来回抹一下，就算是洗脸了。

　　两个月无法洗澡，洗个头发、换件衣服都是大事。人心不同，不论哪个阶级什么民族，浮浮沉沉，各有各的表现。

　　有个农民大妈看见杨绛她们还打官腔："真要感谢毛主席他老人家！没有毛主席，你们会到我们这种地方来吗？"满满的酸味。

　　另一个大妈会这样说："呀！我开头以为文工团来了呢！我看你拿着把小洋刀挖萝卜，直心疼你。我说：瞧那小眉毛儿！瞧那小嘴儿！年轻时候准是个大美人儿呢！我说：我们多说说你们好话，让你们早点回去。"

　　过五关斩六将的杨绛她们，尚有一个方便关难过。

　　乡村里的厕所特别简陋，为了沤肥，他们往往在装粪便的大缸上放个板子，又薄又滑，下面的缸里总是满满的。

　　蹲在这个板子上，时刻有跌下去的危险，真是令人战战栗栗，汗都不敢出。

　　杨绛在郊区锻炼的这段日子，钱锺书这个总爱写信的人，又开始了一段勤于书写的日子。两三天就是一封信，同屋的人中就数杨绛的信件最多。因为一场又一场的运动搞得她神经敏感，她将信揣在贴身的口袋里。渐渐地，信多得不好随身携带了。她带着这么多的信也不方便劳作，想到这个，她就硬硬心，将它们付之一炬。其实，那些信压根儿就没有什么敏感问题，但是她实在是有些害怕，担心任何白纸黑字的东西成为"罪证"。

> 这是默存一辈子写得最好的情书……他到了昌黎天天捣粪，仍偷空写信，而嘱我不必回信。我常后悔焚毁了那许多宝贵的信。唯一的安慰是："过得了月半，过不了三十"，即使全璧归家，又怎逃得过丙午大劫。况且那许多信又不比《曾文正公家书》之类，旨在示范阖世，垂训后人，那是专写给我一个人看的。

杨绛在回忆录里写下那时的钱锺书：

> 锺书下放昌黎比我和阿瑗可怜。我曾到昌黎"走马观花"，我们一伙是受招待的，而昌黎是富庶之区。锺书下放时，"三年饥荒"已经开始。他的工作是捣粪，吃的是霉白薯粉掺玉米面的窝窝头。他阴历年底回北京时，居然很会顾家，带回很多北京已买不到的肥皂和大量当地出产的蜜饯果脯。我至今还记得我一人到火车站去接他时的紧张，生怕接不到，生怕他到了北京还需回去。

因为饥荒的缘故，政治运动暂时安静下来。但搁在他们心上的一块巨石却没法落地。因为他们的宝贝女儿阿瑗要毕业了，她的出身不好。她自己是白专，又加上父母双白，她的命运将何去何从呢？

阿瑗自己响应号召，填写了支边。杨绛觉得女儿上大学后，和家里生疏了不少，毕业后如果分配到遥远的地方，那就和他们更加疏远了。

人算不如天算。

学校最终让钱瑗留校当助教。杨绛夫妻俩听到这个消息，只感到说不尽的称心满意。这悲欢一梦，也没有太久，很快就醒了，下一场飓风已经来临。

山雨欲来风满楼

1966 年，这个年份对整个中华民族来说是特殊的一年，因为，这一年爆发了"文化大革命"。

这一年，阿瑗刚从山西回京不久，山西某公社学校里一群革命小将找到她，讨论如何揪斗校长。钱瑗给他们讲道理，摆事实，说明校长是个好人，不该揪斗。

这群学生听了以后，对钱瑗老师很信服，决定不向校长"闹革命"。十年以后，这位校长为此特地进京，找到钱瑗，当面致谢，谢谢她为他消解了一场灭顶之灾。

但，钱瑗自己的父母就没这么幸运了。

八月间，杨绛和钱锺书二人被革命群主揪出来，成了"牛鬼蛇神"。杨绛在《我们仨》中如此回忆道：

阿瑗急要回家看望我们，而她属"革命群众"。她要回家，得走过众目睽睽下的大院。她先写好一张大字报，和"牛鬼蛇神"的父母划清界限，贴在楼下墙上，然后走到家里，告诉我们她刚贴出大字报和我们"划清界限"——她着重说"思想上划清界限"！然后一言不发，偎着我贴坐身边，从书包里取出未完的针线活，一针一针地缝。她买了一块人造棉，自己裁，自己缝，为妈妈做一套睡衣……她缝完末后几针，把衣裤叠好，放在我身上，又从书包里取出一大包爸爸爱吃的夹心糖。她找出一个玻璃瓶子，把糖一颗颗剥去包糖的纸，装在瓶里，一面把一张张包糖的纸整整齐齐地叠在一起，藏入书包，免得革命群众从垃圾里发现糖纸。她说，现在她领工资了，每月除去饭钱，可省下来贴补家用。我们夫妻双双都是"牛鬼蛇神"，每月只发生活费若干元，而存款都已冻结，我们两人的生活费实在很紧。阿瑗强忍住眼泪，我看得出她是眼泪往肚里咽。看了阿瑗，我们真心疼。

而他们夫妻俩究竟是如何被揪出来的呢？

在相关规定出来的第二天，也就是 8 月 9 日，外文所里虽然没有张贴杨绛的大字报，但是她敏感地感到事情不妙。因为某次开大会的时候，群众传看一份文件，传到她的时候，很奇怪，她被跳过去了，就像她这个人不存在似的。她预感到自己即将不属于"群众"的一员。

后来，又有一次大会上，有人问杨季康，她是什么人。

会后就有人通知她："以后开会，你不用参加了。"

三天后，钱锺书也被揪出来了。两人被揪出以后，钱锺书负责打扫院子，杨绛的职责是扫女厕所。因为牛鬼蛇神的罪状要写在牌子上，所以，杨绛给自己和丈夫都做了一个。

> 我给默存找出一块长方的小木片，自己用大碗扣在硬纸上画了个圆圈剪下，两人各按规定，精工巧制；做好了牌子，工楷写上自己一款款罪名，然后穿上绳子，各自挂在胸前，互相鉴赏。

几场斗争下来，示众的牛鬼蛇神们，罪名又有新的。杨绛"有幸"从"资产阶级学者"升级为"资产阶级学术权威"，终于和钱锺书一样了。

这对历经磨难的夫妻，在这样的情况下，依然以幽默的态度面对生活。

在《干校六记》里，杨绛写过有人贴大字报声讨钱锺书的事儿：

> "文化大革命"初期，有几人联名贴出大字报，声讨默存轻蔑领导的著作。略知默存的人看了就说：钱某要说这话，一定还说得俏皮些；这语气就不像。有人向我通风报信；我去看了大字报不禁大怒。我说捕风捉影也该有个风、有个影，不能这样无原无由地栽人。我们俩各从牛棚回家后，我立即把这事告知默存。我们同拟了一份小字报，提供一切线索请实地调查；两人忙忙吃完晚饭，就带了一瓶糨糊和手电到学部去，把这份小字报贴在大字报下面。第二天，我为此着实挨了一顿斗。

群众对杨绛进行了一番触动灵魂的审问，谁也没料到向来文弱的她，这一次没有低头妥协。

问："给钱锺书通风报信的是谁？"

杨："是我。"

问："打手电贴小字报的是谁？"

杨："还是我。提供线索，让同志们调查澄清。"

台下一片厉喝："谁是你的同志？"

杨绛赶紧改口，称"你们"。

随后，杨绛戴着高帽游街，走几步就打两声锣，让她喊一声："我是资产阶级知识分子。"当他们想让她低头认错的时候，这个文静柔弱的知识分子跺着脚怒斥："就是不符合事实！就是不符合事实！"这一声怒斥里，有良知的担当，也有因爱而生的勇气。

此后，她和丈夫挨的批斗不断。有时单独被斗，有时有钱锺书作陪。被审问被游街，甚至扫厕所被抽打，在她这里都算不得什么。

有天钱锺书回家，他的发型变成奇怪的"十"字。杨绛也不多说，干脆给他剃了光头。不久，她自己也遭受了这样的特殊待遇。

在同一天，她早上被抄走了"黑稿"《堂吉诃德》译稿，晚间则被剃了阴阳头。当时有人双手合十，几乎是求佛的姿态求一位姑娘开恩。她终于被"赦免"。但杨绛的为人向来是外柔内刚，不愿长他人志气，便没有去求。然后她就顶着这样的发型回了家。钱锺书急得团团转，这可怎么见人呢？他还可以做个"和尚"，光头出门无所谓。杨绛呢？

她总是那样，不慌不忙。兵来将挡水来土掩，她有的是法子。

她想起几年前钱瑗剪下的一条大辫子，她没舍得扔掉，用手绢包裹着，放在柜子里。她耗了一夜功夫，为自己制作了一顶假发。

在经历这样的历险和羞辱后，她竟然还有心情笑着对钱锺书说：“小时候老羡慕弟弟剃光头，洗脸可以连带洗头，这回我至少也剃了半个光头。”

第二天，她顶着这样的假发，闷热难耐中挤上了一辆公交车。可是，售票员一眼认出她来：“哼！你这黑帮！你也上车？”

她连连辩解道：“我不是黑帮！”

可是，不是黑帮，又是什么呢？车上的人都望向她，她心里明镜似的，她下车了。此后一年，她便靠着自己的一双腿走路。但，走路也未必安全的，就像电影里“遭人嫌弃”的哪吒一样，她的每次出场，都伴随着同伴的羞辱和嫌弃。

街上的孩子很尖利，看出我的假发就伸手来揪，幸有大人喝住，我才免了当街出丑。我托人买了一只蓝布帽子，可是戴上还是形迹可疑，出门不免提心吊胆，望见小孩子就忙从街这边躲到街那边，跑得一溜烟，活是一只过街的老鼠。默存愿意陪我同走，可是戴眼镜又剃光头的老先生，保护不了我。我还是独走灵便。

这个世界在杨绛的眼里、心里、笔下都颠倒了，完全乱了顺序。他们这些学者开始去做扫院子、扫厕所的活儿。杨绛的领导小刘，原本这个工作是她的。现在，落到了杨绛这个牛鬼蛇神的头上。杨绛做事向来认真，爱干净，谁也想不到，她就是扫厕所也比别人扫得干净。

那些污秽的地方，逼人呕吐的所在，全是人类的排泄物。但是，她竟然拿着扫帚拖把，用小刀子、小铲子，去污粉、肥皂等一点点清理了出来。厕所里瓷片上的污垢也被清洗了。几年后，翻译家潘家洵的太太对杨绛说："人家说你收拾的厕所真干净，连水箱的拉链上都没一点灰尘。"

杨绛的含蓄幽默在这时候又体现了出来。"小刘告诉我，去污粉、盐酸、墩布等等都可向她领取。小刘是我的新领导，因为那两间女厕是她的领域。我遇到了一个非常好的领导。她尊重自己的下属，好像觉得手下有我，大可自豪。她一眼看出我的工作远胜于她，却丝毫没有忌妒之心，对我非常欣赏。我每次向她索取工作的用具，她一点没有架子，马上就拿给我。"非但如此，她还能从常人无法忍受的境遇中，得出几个"好处"来：

第一条就是可以躲避红卫兵的造反；

第二条是可以销毁"会生麻烦的字纸"；

第三条是可以享到向所未识的自由。摆脱多礼的习惯，看见不喜欢的人，干脆呆着脸理都不理。她反正不在乎，也无所谓了。因为她已经"不是人"，而是牛鬼蛇神了。一个人，谁会跟不是人的"东西"计较呢？

就这样，日子在困苦中勉强度过，直到他们俩又一前一后到了五七干校下放锻炼，才有了另一番况味。

长啸一声天地秋

钱锺书快要过虚岁六十岁的生日了，杨绛商量着要为他祝寿——那一天也没什么特别的，无非是跟他一起吃顿寿面，就算是庆祝了。时局艰难，他们害怕等不及七十岁，就要告别这尘世了。

然而，这个六十岁的生日，他们也没能等到。在距离钱锺书生日还有几天的时候，一个久已猜疑的消息得到证实——他们社科院里的人，要下放到干校去锻炼了。

那年十一月的一天，杨绛站在学部大门口的公车站等他，远远地看见钱锺书走了过来。他走到杨绛跟前，低声说："待会儿告诉你一件大事。"猜不出究竟什么事算大事，但肯定不能算是开心的事儿。否则，他的脸色一定是像个孩子一样。

上了公交车后，他告诉她："这个月十一号，我就要走了。我是先遣队。"

"为什么你要先遣呢？"

"因为有你，别人得带着家眷，或者安顿了家再走；我可以把家撂给你。"这次下放有点"连锅端"的意思，收拾起行李来，不免很费心费时。只有这几天准备行李，杨绛赖了几天学，为他打点行装。

衣服、书籍，还有钱锺书须臾不能离身的笔记，零零碎碎，很多个箱子。杨绛力气又小，平时也没人帮忙。钱瑗那时已婚，丈夫是自己在北师大的同学，后来一起又做了同事，名叫王德一。他们在工厂里劳动，唯有等到周末的时候才能回家帮忙，帮母亲捆绑箱子。

杨绛又拾起旧日在上海时练就的缝纫好本领，给钱锺书补了条厚如龟壳的裤子。他看了十分欣赏。因为下放锻炼是要劳动的，平时的旧衣物不仅不耐脏也不耐穿，甚至不耐寒。下放的地方在河南省罗山，一个偏僻的乡下。

十一号说着就到了。一家人为他送行，杨绛、圆圆、女婿王德一（也称为"得一"。"得一"是钱锺书先生赠女婿的号，杨绛先生的文章里总用"得一"）。

默存随身行李不多，我们找个角儿歇着等待上车。候车室里，闹嚷嚷、乱哄哄人来人往；先遣队的领队人忙得只恨分身无术，而随身行李太多的，只恨少生了几双手。得一忙放下自己拿的东西，去帮助随身行李多得无法摆布的人。默存和我看他热心为旁人效力，不禁赞许新社会的好风尚，同时又互相安慰说：得一和善忠厚，阿圆有他在一起，我们可以放心。

好容易挤上车，安顿好了钱锺书，一家人下来，痴痴站在月台上，等火车开动。

我记得从前看见坐海船出洋的旅客，登上摆渡的小火轮，送行者就把许多彩色的纸带抛向小轮船；小船慢慢向大船开去，那一条条彩色的纸带先后逆断，岸上就拍手欢呼。也有人在欢呼声中落泪；逆断的彩带好似逆断的离情。这番送人上干校，车上的先遣队和车下送行的亲人，彼此间的离情假如看得见，就决不是彩色的，也不能一逆就断。

钱锺书走到车门口，叫他们回去吧，别再等了。杨绛明白他的意思，三个人一起回家，他也放心。强过火车开走的一瞬，月台上的三个人都担心他一个人。于是，他们便默默回家。钱瑗和她的丈夫王德一也各自回自己的工厂去。

回来的杨绛，除了学习，还要挖防空洞。成天教育他们的工人师傅也腻了，一个二十来岁的小师傅说："我天天在炉前炼钢，并不觉得劳累；现在成天坐着，屁股也痛，脑袋也痛，浑身不得劲儿。"杨绛幽默地说，显然炼人比炼钢费事，坐冷板凳也是一项苦功夫。

挖防空洞的时候，重活累活都是所里的年轻人在做。即便在最险恶的时分，人性中也有良善的一面。杨绛自嘲是弱者。"弱者总占便宜；我只干些微不足道的细事，得空就打点包裹寄给干校的默存。默存得空就写家信；三言两语，断断续续，白天黑夜都写。这些信如果保留下来，如今重读该多么有趣！但更有价值的书信都毁掉了，又何惜那几封。"

文学所通知她，下干校可以带自己的床，不过要用绳子捆绑好。她请了一天假在家，把自己的小木床给拆掉。捆绑对年过半百的她来说，已经是件特别费力的事情了。没人帮忙，一切都靠自己。

　　她的手没有力气，就用牙齿来咬紧绳索。"小小一只床分拆了几部，就好比兵荒马乱中的一家人，只怕一出家门就彼此失散，再聚不到一处去。据默存来信，那三部分重新团聚一处，确也害他好生寻找。"

　　文学所和另一个所最先下放，下放的时候各自有了统一的名称——"连"。二连动身的时候，学部敲锣打鼓去欢送，杨绛也在其中。她一眼看见人群里的俞平伯老先生和他的夫人站在那里领队，俞平伯比杨绛大了十一岁，下放的时候已经是年近七旬的老人了。杨绛看了不忍心，抽身退回。

　　一路上，她发现所谓欢送的人缺乏热情，大家纷纷回去上班，众人一脸淡漠。

　　没过多久，就到了杨绛下放的日子了。钱锺书下放的时候，尚有一家人为他送行，还有杨绛为他打点行装。轮到她下放的时候，却只有女儿钱瑗一人了。

　　她是1970年的夏天前往干校的。这期间发生了太多的悲欢离合，后来都在杨绛的笔下以一种看似轻描淡写的方式，被一笔带过。谁能想到她承受了多少悲痛？

　　在这场炼狱中，有的人实在无法忍受折磨，选择自我了断。这其中就包括杨绛年轻厚道的女婿王德一。他在学校被污为"五一六"分子，工宣队带领全系的人对他轮番斗争，非要他供出所谓的"五一六"名单。他最后一次见到杨绛的时候，对她说了这样一番话："妈妈，我不能对群众态度不好，也不能顶撞宣传队；可是我决不能捏造个名单害人，我也不会撒谎。"

王德一这个厚道人，左右为难，既不能坑害无辜的人，又无力对抗斗他的人。最后，他只好选择为难自己，就这样走上了绝路。

王德一自杀这件事，就发生在杨绛下放干校前不久。她的旧日好友也在此期间含冤自缢。小妹妹杨必，中国第一个翻译萨克雷的《名利场》的人，也因多次被逼，引发急性心脏衰竭，于睡梦里去世。

那真是人间炼狱。不仅活着的人凄凄惨惨，就连死去的人也未必安生。杨绛父母和三姑的墓碑也被砸毁。

杨绛处变不惊，待人和善，在所里向来人缘很好。她帮助过的人不可计数。但在这种情境之下还帮助人，尤为难得。

他们所里那时有个被冤枉的年轻人，也和王德一一样是"五一六"分子。他被逼认罪，莫须有的罪哪里去认呢？他想到了自杀。但死之前，他又想起自己还欠杨绛七十五元钱。于是把自己五十元存折和二十五块钱塞进她的办公室抽屉里，留个纸条给她。第二天，杨绛发现这个纸条，立即赶到他的办公室，见他正独自垂头叹息，准备等人散了就自杀呢。

她快步走到他身旁，塞给了他一个纸包。他打开后一看，除了退回来的钱和存折，还有她写的字条："来日方长，要保重身体；要耐心、冷静、坚强。这些钱，我不需要，你拿去买些生活必需品吧！"

一个人在最困难最绝望的时刻，看见了一束光，摸到了伸过来的一只温暖的手。他就有勇气继续活下去了。这个年轻人，后来成为著名的莎士比亚研究专家。

能给钱的她就给钱，能给物的她就给物，能出力的就出力，能给精神安慰的她也绝不吝啬。她就靠着这种坚忍不拔和待人以诚、待人和善的处世作风赢得了众人的喜爱与尊敬。

然而，她却没能及时挽救自己的亲人——阿圆的丈夫。她在文章中也不太提女婿的死，留下这样一大片空白与真空地带，给我们后来人想象——想象一个白发人送黑发人的悲痛。

钱瑗来送她上车了。她催钱瑗回去，别等开车了。火车开动的一瞬间，她心里凄楚得无法言语，她望着女儿独自一人的背影，不忍心看下去，闭上了眼睛。闭上眼睛，心里也是乱如麻，满脑子想的都是钱瑗一个人在家里收拾乱局的场景。想到这儿，她又慌忙地睁开眼，然而，车窗外已看不见女儿的身影了。

于是，她只好再合上眼，让泪尽情地流。

的确，送钱锺书的时候，一家人还齐齐整整，王德一还是个得力的帮手。他们见他朴实善良还特别放心，以为钱瑗跟着这样的人一辈子多好。

没过多久，轮到她离京的时候，已经换了人间。

随着火车的长鸣，她将带着满身的伤痛与不舍，以及对女儿独自留京的种种不放心，前往罗山，与钱锺书会合——准确地说，还不能算会合。

他们虽然相距不到一个小时的路程，然而各有各的领导，各有各的规矩，并不是说见就能见的。

但，到底是在一处了。

爱，竟是这样难以言明的事

细细想来，我这也忍，那也忍，无非为了保持内心的自由，内心的平静。你骂我，我一笑置之。你打我，我决不还手。若你拿了刀子要杀我，我会说："你我有什么深仇大恨，要为我当杀人犯呢？我哪里碍了你的道儿呢？"

所以含忍是保自己的盔甲，抵御侵犯的盾牌。我穿了"隐身衣"，别人看不见我，我却看得见别人，我甘心当个"零"，人家不把我当个东西，我正好可以把看不起我的人看个透。这样，我就可以追求自由，张扬个性。所以我说，含忍和自由是辩证的统一。含忍是为了自由，要求自由得要学会含忍。

这是逆境中的杨绛一辈子的处世之道。她在没有钱锺书陪伴又失去女婿和小妹的日子里，过着任人蹂躏的生活。她不是没有愤怒，她的愤怒都在忍辱负重里。她的忍辱不是为了偷生，而是因为有更重要的事情。

人不能为不爱自己的人、憎恨自己的人、厌恶自己的人活着，更不该为这样的人死去。任你风吹雨打，我自岿然不动。这番话其实细思量，和他们欧洲归来时，她的"不晕船"哲学是一样的。

她就这样到了罗山，在干校她见到了自己的丈夫。此时的钱锺书又黑又瘦，简直换了个样子，但是奇怪的是她一见就认识。兴许，这就是共同生活几十年的缘故吧？所谓夫妻一场，不管你变成什么模样，我总是认得。

我们干校有一位心直口快的黄大夫。一次默存去看病，她看他在签名簿上写上钱锺书的名字，怒道："胡说！你什么钱锺书！钱锺书我认识！"默存一口咬定自己是钱锺书。黄大夫说："我认识钱锺书的爱人。"默存经得起考验，报出了他爱人的名字。黄大夫还待信不信，不过默存是否冒牌也没有关系，就不再争辩。事后我向黄大夫提起这事，她不禁大笑说："怎么的，全不像了。"

钱锺书的脸上长了脓包，杨绛心里十分忧心，想起在欧洲的事情了。现在这条件，还有谁会为他天天热敷呢？他们毕竟不住在一起了。

好在打了几针，终于痊愈。钱锺书改行，从锅炉工变成一身多职。白天看工具，晚上夜巡，还要充当邮差。"这在那种场合已经算是一种美差了，也许是对我们的学者的特殊照顾。"

至于杨绛呢，她也算是受到大家的照顾，把她安排在菜园小组。菜园需要日夜看守，她年龄大又是女同志，因此被安排在白天。一辈子看书写作习惯了，早已成为日常生活的一部分。因此，只要条件允许，她总是会看看书，写些东西。有些是写给钱锺书的书信。钱锺书这个"邮差"呢，每次送信取信要经过菜园附近，相距也就百十来米。

这样，他们便有了时不时的菜园相会的时光。在《干校六记》里，她十分生动地记下来这一段"浪漫"时光：

> 班长派我看菜园是照顾我，因为默存的宿舍就在砖窑以北不远，只不过十多分钟的路。默存是看守工具的。我的班长常叫我去借工具。借了当然要还。同伙都笑嘻嘻地看我兴冲冲走去走回，借了又还。默存看守工具只管登记，巡夜也和别人轮值，他的专职是通信员，每天下午到村上邮电所去领取报纸、信件、包裹等回连分发。邮电所在我们菜园的东南。
>
> 默存每天沿着我们菜地东边的小溪迤逦往南又往东去。他有时绕道到菜地来看我，我们大伙儿就停工欢迎。可是他不敢耽搁时间，也不愿常来打搅。我和阿香一同留守菜园的时候，阿香会忽然推我说："瞧！瞧！谁来了！"
>
> 默存从邮电所拿了邮件，正迎着我们的菜地走来。我们三人就隔着小溪叫应一下，问答几句。我一人守园的时候，发现小溪干涸，可一跃而过；默存可由我们的菜地过溪往邮电所去，不必绕道。这样，我们老夫妇就经常可在菜园相会，远胜于旧小说、戏剧里后花园私相约会的情人了。

然后，她看着钱锺书高一脚低一脚地走了。过会儿，他取了信再经过的时候，杨绛有时会将自己写的东西交给他，有时将刚才想说没能说的话找补上。

每次都匆匆忙忙，来也匆匆，去也匆匆。他走了，杨绛站在菜园那里望着他的背影，越来越小，直到再也看不见。

在干校，好在劳动时间多一些。劳动令人忘记忧愁，劳动总比斗争强。何况，劳动收获的蔬菜瓜果，自己吃了也有成就感。

但在小小的干校，有时也会有一些历险。当地的道路，有句话形容很到位——下雨全是脓，天晴就变铜。可见土壤的性质，湿滑泥泞。

有一次，他们组织看电影。看完电影，杨绛随着大部队往宿舍走。她一边走路，一边想着自己的心事。因为不专心，年龄也较大，只顾着跟着前面的人脚后跟，等到到了宿舍的走廊，发现竟然不是自己的宿舍。走错地方了。赶紧退回去，跟着剩余的队伍尾巴，继续走。可是，人越来越少，大家各自都回到了自己的宿舍，杨绛却找不到自己的宿舍在哪里。

她着急地连忙问人，可是好几个人都说不知道，大家都忙着自己的事情，也不太想搭理她。

杨绛忽然有种流落异乡举目无亲的感觉涌上心头。她一抬头望见满天星斗，想起自己还认得几个星座，可惜如今连星座位置也颠倒了，她的依凭也没了。营房里各个宿舍都亮起了灯，她得抓紧时间找到那条距离放电影不远的大路，否则她就连最后的方向也没有了。黑灯瞎火的，往哪里去呢？

因为赶时间，杨绛顾不得顺着小路走，只顾抄近路。走着，走着，不知不觉走到了营地的菜圃。营地里因为要种菜，所以每一两畦就有一处沤肥的井。这个粪井特别深，有一次杨绛连里一个高个子年轻人失足掉了进去，好不容易爬上来，顾不得天冷，在水房冲洗了好半天才悄悄地回到屋里。

杨绛感到胆战心惊，万一自己掉进去，那简直是想也不用想了，以她的身高压根儿就别想爬上来了，只会一沉到底，连那冷水冲洗之厄也不用了。她心里惊慌得要命，手电几乎没什么亮光，只能够勉强看到菜叶，远一点的事物压根儿看不见。

杨绛一手提着马扎，一手打着手电，每一步都得踢开菜叶，就怕一脚踏空，踩进粪井。好容易走过了这一片菜地，过一道沟竟然还是菜地！

总是这样，走呀，走呀，怎么也走不出这菜地似的。仿佛整个人梦魇一般，她的心就更慌了。幸亏大方向没错，终于出得菜地。谢天谢地！

她越过铺煤渣的小路，又越过乱草、石堆，终于走上了石块铺的大路。上了大路那就不一样了，年近六十的她，整晚慌乱中找路的她，竟然是一路飞跑。一口气跑回宿舍，发现屋里还没有熄灯，还有人上厕所刚回屋里。大家还像平时一样，各忙各的，各讲各的，唯有她刚刚历险一番。

然而，这次历险只是一个老人暗夜里独自惊慌失措的心灵冒险，不为外人道，别人也无从知晓。她想的是，若她掉进了粪井，不知他们什么时候才会发现她。她睡在又冷又硬的小床上，感到享不尽的安稳。这一场小历险，被她特别写下来，足见对她的心灵冲击之大。

在干校，还有另一件难忘的历险。

有一次，杨绛在菜园值守，遇见几个军宣队的人，手指着菜园附近的两个坟包，问那里是不是他们干校的坟地。杨绛回答不是。他们就在溪边的干地上挖土，挖了不太久，又从车上拖下一个穿着制服的人，席子一卷就地埋了。

这件事，让杨绛和钱锺书两个人都十分害怕。一个人就这样从尘世消失了，什么也没留下，甚至，连个消息也没有。他的家人显然连他的死活也不知，更不用提他的埋葬地点了。那里压根儿就不算是什么坟，只是一个小土堆，如果不是亲眼所见，压根儿不敢相信那土堆下面躺着的是一个刚逝去不久的生命。

当然，人对自己亲人的去世，也有另一种不知情，比如出自善意的隐瞒。杨绛到干校以后，压根儿就没向钱锺书说起过王德一的情况。这是她在离京时，就和钱瑗商量好的事。

他们不愿让他在那样悲苦的境遇里，又添一桩悲痛的事。

爱，竟是这样难以言明的事。

一只狗的使命

杨绛一家都是爱猫人士。他们在清华的时候就养了一只猫，名叫花花。还因为花花和林徽因家的猫打架，钱锺书发了"痴气"，居然帮助花花和别人家的猫打架。

后来，这只通人性的猫咪，在院系调整那一年，杨绛搬家时忘记了它，等到再找到它的时候，它像一个受到伤害的人一样，不久还是走了。此后，杨绛家里再也没有养过猫。

后来，他们养了一只狗。这只狗有个奇怪的名字——小趋。小趋原本叫"小区"，是他们一起下放在干校的一位姓区的诗人抱回来的土狗。区，在姓氏里面本不读作"趋"，但是当地老百姓错误地读作"趋"。从此，这位诗人就叫"小区"了。

那么，按照狗随主人的逻辑，叫这只小狗"小趋"也是理所当然。小趋，这名字倒是很好，小奶狗很黏人，确实是亦步亦趋。

若论起干校里那只小土狗小趋，也许它的小小生命的使命，便是让杨绛夫妇在寒凉的干校也能体味到来自生灵的爱与需要吧。它刚到杨绛他们的据点时，还是一只小奶狗。因为它的到来，穷困不已的老教授们，用破砖搭起了一个窝棚，里面垫上秋秸。

可是这样简陋的小窝，对小趋来说实在是太寒冷了。小趋在又冷又硬的窝里冻得瑟瑟发抖。杨绛的一颗心因为这只小狗的到来，感到了寒凉中的温暖。她原本就是那样一个充满爱意的人啊！她是带着人世的伤痛来到河南的干校的。人就是这样，有些事难以消化，有些话无法诉说，这样的时刻，如果有个可爱又忠诚的生灵陪伴着，心里无言的孤独与失落，会瞬间消解许多。

小趋非但住宿让杨绛牵挂，它的吃食也让杨绛挂心，且看她笔下的小趋吃的是什么吧。

　　小趋虽是河南穷乡僻壤的小狗，在它妈妈身边，总有点母奶可吃。我们却没东西喂它，只好从厨房里拿些白薯头头和零碎的干馒头泡软了喂。我们菜园班里有一位十分"正确"的老先生。他看见用白面馒头（虽然是零星残块）喂狗，疾言厉色地把班长训了一顿："瞧瞧老乡吃的是什么？你们拿白面喂狗！"我们人人抱愧，从此只敢把自己嘴边省下的白薯零块来喂小趋。其实，馒头也罢，白薯也罢，都不是狗的粮食。所以，小趋又瘦又弱，老也长不大。

　　可怜的小趋，一直在苟活的边缘艰难成长。所幸，它遇到了杨绛和钱锺书夫妇。杨绛继续写道：

　　默存每到我们的菜园来，总拿些带毛的硬肉皮或带筋的骨头来喂小趋。小趋一见他就蹦跳欢迎。一次，默存带来两个臭蛋——不知谁扔掉的。他对着小趋"啪"一扔，小趋连吃带舔，蛋壳也一屑不剩。我独自一人看园的时候，小趋总和我一同等候默存。它远远看见默存从砖窑北面跑来，就迎上前去，跳呀、蹦呀、叫呀、拼命摇尾巴呀，还不足以表达它的欢欣，特又饶上个打滚儿；打完一滚儿，又起来摇尾蹦跳，然后又就地打个滚儿。默存大概一辈子也没收到这么热烈的欢迎。他简直无法向前迈步，得我喊着小趋让开路，我三个才一同来到菜地。

　　小趋在杨绛和钱锺书二人的照料下，慢慢地长大。它是那样活泼，给全连的人带去欢乐和温暖。遇到刮风下雨的天，杨绛舍不得它走远路，常常关住它，将它小小的窝堵上，不让它出来。

可是，忠实的小趋，依旧是破窝而出。

狗窝关不住它，杨绛就想了个法子，把它锁在窝棚里。但是依旧无效。小趋好像认定了，她是众人中唯一的主人。她走到哪里，它亦步亦趋地跟着。小趋跟着杨绛，只要见到钱锺书，那个高兴快活劲儿别提了。同屋的人也都爱这只娃娃狗，争着给它喂吃的。小趋跟着杨绛又饱餐了一顿。

小趋先不过是欢迎默存到菜园来，以后就跟随不舍，但它只跟到溪边就回来。有一次默存走到老远，发现小趋还跟在后面。他怕走累了小狗，捉住它送回菜园，叫我紧紧按住，自己赶忙逃跑。

谁知那天他领了邮件回去，小趋已在他宿舍门外等候，跳跃着呜呜欢迎。它迎到了默存，又回到菜园来陪我。

小趋因为时常跟着杨绛的缘故，连里的人自动将她视为小趋的主人。杨绛晚上回去的时候，别人常会对她说："你们的小趋来找过你几遍了。"想象一下，这是多么温馨的一幕。人们在外劳作一天，尤其是在那样的心境下，在那样的环境下，人比不得一只狗忠诚。晚归的时候，有小趋陪伴，或者它在家等候她归来。不消说，杨绛听到这样的话，内心一定充满柔情蜜意。这是一个对她怎样依赖的生灵呀。

因此，他们时常相伴，有时和钱锺书一起，相伴着走路。不过，小趋还太小，用杨绛的话来说，它才两三个月大，只是从一只娃娃狗变成小姑娘狗。它只是依恋杨绛，却不能保护她，甚至时常需要她的保护。往来途中，他们会遇到一只威猛无比的狗，以及它的同伙。杨绛为此，特意"巴结"过"老虎"——那只猛犬的名字。

某一次，杨绛晚归途中，突然遭遇老虎的袭击。它一声不吭地就蹿了出来，杨绛立刻被吓呆住了。几乎出于本能，她喊了一声"老虎"。老虎就此乖乖停下，不再攻击她。以后，她每次路过这里，总会带点东西给老虎以及它的同伴分享。一来二去，老虎就认识了她，不再狂吠不止。自然，小趋跟在她身后的时候，也就没有被攻击的危险了。

小趋渐渐长大，杨绛看守菜园子，她喜欢值夜班，正是下半夜，十分难熬。小趋却像一个忠诚的伙伴，呜呜叫两声，陪着她巡夜。

小趋陪她巡夜，每每令她想起从前在清华时候的花花。杨绛生性胆小，尤其怕鬼。夜间行走在偌大的清华园里，不免有点心惊。然而，那只通人性的花花猫咪，却会迎接她回家。小趋也这样，认定杨绛是它的主人。杨绛写了一段颇为感人的片段：

一次，我们连里有人骑自行车到新蔡。小趋跟着车，直跑到新蔡。那位同志是爱狗的，特地买了一碗面请小趋吃；然后把它装在车兜里带回家。可是小趋累坏了，躺下奄奄一息，也不动，也不叫，大家以为它要死了。我从菜园回来，有人对我说："你们的小趋死了，你去看看它呀。"我跟他跑去，才叫了一声小趋，它认得声音，立即跳起来，汪汪地叫，连连摇尾巴。大家放心说："好了！好了！小趋活了！"

然而，小趋和杨绛这样和谐温馨的日子并没有太久，干校就要搬家了。领导传下话来，各连养的狗一律不准带走。他们搬家前，有一队解放军进驻中心点，于是将小趋托付给解放军。

小趋，一只孤苦无依的乡下土狗，突然之间，在毫无准备的情况下，它失去了它熟悉的主人，它所熟悉的连队的人们。命运将给它怎样的结局呢？杨绛用一支温情克制的笔，写出这段往事的结尾。然而，任你怎样铁石心肠，看了也不免叹息。

我们搬家那天，乱哄哄的。谁也没看见小趋，大概它找伴儿游玩去了。我们搬到明港后，有人到"中心点"去料理些未了的事，回来转述那边人的话："你们的小狗不肯吃食，来回来回的跑，又跑又叫，满处寻找。"小趋找我吗？找默存吗？找我们连里所有关心它的人吗？我们有些人懊悔没学别连的样，干脆违反纪律，带了狗到明港。可是带到明港的狗，终究都赶走了。

默存和我想起小趋，常说："小趋不知怎样了？"

默存说："也许已经给人吃掉，早变成一堆大粪了。"

我说："给人吃了也罢。也许变成一只老母狗，拣些粪吃过日子，还要养活一窝又一窝的小狗……"

半夜灯前十年事

1973 年的一天，钱锺书和杨绛终于等到了回京的日子。此前，他们曾听闻钱锺书要作为头一批"老弱病残"先行回京，然而不料等了好久却发现名单上并没有他。

　　杨绛分析，一定是一封有关他的黑材料捣的鬼，钱锺书此时却显示出更加难能可贵的洒脱——不计较。以前，面对运动中坑害他的人，钱锺书会对杨绛说不要急，他也不会好，也不会得到他想要的。

　　事后多年，确实也如他所说。

　　3 月，早春，他们作为第二批"老弱病残"终于得以回家了。杨绛说："希望的事，迟早会实现，但实现的希望，总是变了味的。"

　　从五七干校回京的他们，依然著述不断。钱锺书继续他的《管锥编》，杨绛则继续重温她的《堂吉诃德》译稿。他们对读书写作的热爱，持续终生。即便是在条件艰苦的干校。

　　有一天，钱锺书路过菜园子的时候，杨绛指着一个小窝棚说："给咱们这样一个棚，咱们就住下，行吗？"

　　钱锺书认真想了想，然后说："没有书。"

　　杨绛立刻就表示认同了。对他们来说，什么物质享受都可以抛弃，唯独不能没有书。没有书，这人生就没有一丝滋味了。

　　但他们虽然以老弱病残的身份回了北京，用杨绛的话来说"我们还是最可欺负的人"，他们有强邻。钱瑗建议他们搬走。但搬到哪里去呢？

　　搬到师大宿舍，钱瑗过去的宿舍。阿瑗人缘好，钱锺书杨绛夫妻俩名声也好，这对颠簸了一路的老夫妻，很快就受到师大人的热烈欢迎。大家都跑到楼道里来看他们，张家拿来被子枕头，李家拿来锅碗瓢盆，王家就拿来蛋啊菜啊，甚至柴米油盐酱醋茶，煤炉子，煤球之类的，应有尽有。这是冬天里的一束光。这些阿瑗的朋友让杨绛感到温暖舒坦。

杨绛到了阿瑗的房间里，阿瑗却两只手背着，说道："啊呀！不好了！大暴露了！"她的屋里那么脏那么乱，做梦也没想到杨绛会到这里来收拾她的房间。

阿瑗遗传了父亲的习惯，笨手笨脚，没那么爱整洁，比较随意。杨绛则是个特别爱整洁的人。不仅爱清洁，还极爱秩序感。比如，她会将毛巾边对边，角对角地摆放。钱瑗和钱锺书认为那样太麻烦，随手一放就好了。

所幸的是，一家人历经劫难之后又团聚了。虽然，这时的钱锺书身体已经不太好了。但，一家人在一起，强过分散几处。幸运的是，钱瑗留守北京期间，杨绛说她单打独斗，一个人居然在那样的大时代里没有犯下任何错误。

这意味着，钱瑗没有坑害过无辜的人，还保全了自己的性命。在激流湍急的浪潮里，她这艘小船竟然安然无恙，全身而退，怪不得要被母亲赞扬。

另一件好事，也许要算钱瑗无意间的善心为自己找来了一个好人家。当时有个被红卫兵逼迫扫街的大娘，钱瑗帮助她解决了一些实际困难。老太太精明能干，是一位总工程师的夫人，她很喜欢钱瑗，总想要她做她的儿媳妇。老太太后来请钱锺书杨绛二人都看过了她的儿子，他们也同意了。钱瑗说："妈妈，我不结婚了，我陪着爸爸妈妈。"

他们不好勉强她，但是做母亲的还是这样对她讲："将来我们都要走的，撇下你一个人，我们放得下心吗？"那边的老太太锲而不舍，终于在 1974 年，他们又搬到学部的同一个月里，如愿以偿地把阿瑗娶回了家。

这期间，他们的日子在疾病和小小的安稳中度过。杨绛说："我们不论在多么艰苦的境地，从不停顿的是读书和工作，因为这也是我们的乐趣。"

她忙于继续翻译《堂吉诃德》，其实这时候的所谓翻译，已经是重读和提炼的过程了。因为稿子之前已经基本完成了。说到这部"黑稿子"，还有段故事。

如果不是杨绛的阴差阳错，如果不是她的念念不忘，恐怕这些稿子早已充当废纸了。

当年"抄家"，杨绛十分担心自己的译稿。她没有舍得烧掉。但就在那个她被揪斗出来，并被剃了阴阳头的同一天，她锱铢积累的译稿《堂吉诃德》也遭了殃。有人让她上交黑稿子，她没法子，只好抱着自己沉甸甸的心血，跑到办公室。心里在想究竟该交给哪一位保管，因为她没留底稿，只此一份。后来，她选择交给一个名叫小 C 的人。组秘书郑重地对他说："这可是人家的稿子啊，只有这一份，得好好儿保管。"

小 C 并不搭话，抱起稿子就走了。杨绛望着他的身影，一颗心直往下掉。她不知道人家会拿她的稿子怎么办，也不知道这位来自西班牙的骑士究竟会在古老的东方受到怎样的礼遇。

后来，杨绛一直惦记自己的作品，为了救出这位骑士，她想尽了各种办法。她向当时没收他稿子的头头去追问，请求返还。头头回答她说，黑稿子没收的太多，她那一份早就找不到了。

杨绛并不会就此死心。

她趁着自己打扫厕所的便利，开始寻觅起它的下落来。扫厕所轻车熟路以后，每次用不了多久就打扫干净了，那时打扫院子的人还没结束。她为了寻找自己的译稿，便自告奋勇充当起了帮忙的，帮人家打扫窗台，擦擦玻璃之类的。借此，好好检查一下。然而，这位"英雄"就像真的落难了一样，怎么也找不见他的踪影。

杨绛心里又急又心疼。

机会终于来了。年后，杨绛和其他同事一起奉命打扫后楼一间储藏室。就在这里，她找到了朝思暮想的《堂吉诃德》，那欣喜简直像一个老母亲找到了自己失散许久的儿女。

杨绛惊喜地跟人说："我的稿子在这里呢！"

然而，找到了，并不代表可以随意拿回家。她决心铤而走险，偷回去。她知道楼下就是一个女厕所，她可以趁人不备，放进去，下班的时候再带回去。可是，当她抱着自己的稿子准备下楼的时候，同为"牛鬼蛇神"一员的一个人，厉声问她："杨季康，你要干什么？"

听到声音，负责监管他们的老干部也转身了，一脸诧异地看着她。

她有些生气地说："这是我的稿子！"

是她的稿子也不能带回去，这是规定。老干部答应会好好保管，让她随便挑选个地方，重新放好。她怕放的位置太好，人家要用，那样会丢了译稿，于是，思来想去，她最后将稿子放到书柜的顶上。

后来，"牛鬼蛇神"多半恢复身份。杨绛在下放干校的前夕，找到当年的秘书，秘书问明情况，几经周折，译稿终于回到了主人的手里。

杨绛难掩激动心情，抱着《堂吉诃德》就像抱着好容易找回来的儿子，赶紧回家藏好。"落难的堂吉诃德居然碰到这样一位扶危济困的骑士！我的感激，远远超过了我对许多人、许多事的恼怒和失望。"

1978 年，汉译本《堂吉诃德》由人民文学出版社出版。这本著作刚出版，立刻就引来阅读狂潮。它的问世，填补了我国西班牙语文学翻译的一个空白。西班牙政府对此给予了极高的赞誉，国王胡安·卡洛斯一世亲自向杨绛颁奖，这是翻译界少有的殊荣。

杨绛说："我翻译的时候，很少逐字逐句地翻，一般都要将几个甚至整段文句子拆散，然后根据原文的精神，按照汉语的习惯重新加以组织……我翻译很慢，平均每天也不过五百字左右。"

可想而知，这本译著的诞生，经过了怎样的血泪和怎样的毅力，无法想象，这是她在几乎没有什么自由的情况下完成的。整天不是学习就是斗争，中间还下放锻炼。然而，正是这苦难，将她百炼成钢，终于向全中国的翻译界，向全中国的读者，交出了一份漂亮的答卷。

半夜灯前十年事。那些伴着昏黄灯光里的对文字的"锱铢必较"，那些字斟句酌的瞬间，往事历历在目。然而，一晃就这么多年过来了。

一帘一炉，风雨同舟

在历史的波澜中，杨绛偶尔从作家、翻译家变成"扫厕所的"。她在这场运动中，见了世道人心的惊人变化，甚至发生在很小的孩子身上。

一次我们这伙"牛鬼蛇神"搬运了一大堆煤块，余下些煤末子，就对上水，做成小方煤块。一个小女孩在旁观看。我逗她说："瞧，我们做巧克力糖呢，你吃不吃？"她乐得嘻嘻哈哈大笑，在我身边跟随不舍。可是不久她就被大人拉走了；她不大愿意，我也不大舍得。过两天，我在厕所里打扫，听见这个小女孩在问人："她是干什么的？"有人回答说："扫厕所的。"

从此她正眼也不瞧我，怎么也不肯理我了。一次我看见她买了大捆的葱抱不动，只好拖着走。我要帮她，她却别转了脸不要我帮。我不知该慨叹小孩子家也势利，还是该赞叹小孩子家也会坚持不与坏人为伍，因为她懂得扫厕所是最低贱的事，那时候扫厕所是惩罚，受这种惩罚的当然不是好人；至于区别好人坏人，原不是什么简单的事。

但并不是所有的人都这样令人伤心和失望。那些困境中送来的温暖话语和无声支持，最令人难忘。在杨绛打扫厕所的时候，遇到过去熟悉的同事朋友，有的人会善意地问"你还好吗"或"顶得住吗"，还有些人表达善意的方式很特别。

杨绛戴着假发，他们就凑近细看，然后说："不知道的就看不出来。"还有人用言简意赅的方式表达愤慨——咳！

不相熟的年轻人见到她，对她做了个富有同情心的鬼脸。杨绛说："事过境迁，群众有时还谈起我收拾厕所的故事。可是我忘不了的，是那许多人的关心和慰问，尤其那个可爱的鬼脸。"

过了一阵子，天气转凉，杨绛和一群牛鬼蛇神以及本所的"黑"领导被安顿在一间大屋里。屋子有两个朝西的大窗户，窗前挂着芦苇帘子。

经过夏季的曝晒，帘子旧了，他们就计划将这窗帘撤掉。当中有些人曾经整过杨绛，不是东风吹倒西风，也不是三十年河东三十年河西，而是大风大浪来临的时候，他们都被打翻在地，用杨绛的话说，叫"一丘之貉"了。有一位老先生慨然说："咱们是难友了。"

陈翔鹤同志一次曾和他的难友发了一点小牢骚，立即受到他领导好一顿训斥，因此他警告默存："当心啊，难友会卖友。"我为此也常有戒心。不过既然和难友风雨同舟，出于"共济"的精神，我还是大胆献计说："别撤帘子。"他们问："为什么？"

我说："革命群众进我们屋来，得经过那两个朝西的大窗。隔着帘子，外面看不见里面，里面却看得见外面。我们可以早作准备。"他们观察实验了一番，证明我说的果然不错。那两个大破帘子就一直挂着，没有撤下。

……我们有帘子隐蔽着，又没有专人监督，实在很自由。如果不需写交代或做检查，可以专心学习马列经典，也不妨传阅小报，我抽屉里还藏着自己爱读的书。革命群众如有事要找我们，等他们进屋，准发现我们一个个都规规矩矩地伏案学习呢。

这风雨同舟的帘中往事，很多年后，令老年的杨绛还感到心口温暖。他们当时除了这"一帘幽梦"，尚有炉中往事。

在乌云蔽日的岁月，这些点滴想起来，就是饥饿时的一口小食，口渴时的一滴水，寒冷时的一炉火，困乏时的一个臂膀……

那间屋子里没有暖气片，所以给我们装了一只大火炉。我们自己去拾木柴，拣树枝。我和文学所的木工老李较熟；我到他的木工房去借得一把锯子，大家轮着学锯木头。我们做过些小煤饼子，又搬运些煤块，轮流着生火和封火；封夜了明天重生，检查之类的草稿正可用来生火。学部的暖气并不全天供暖，我们的炉子却整日熊熊旺盛……

起来了大家一起说说闲话，讲讲家常，虽然不深谈，也发点议论，谈些问题。有时大家懊悔，当初该学理科，不该学文学，有时我们分不清什么是"大是非"，什么是"小是非"，一起揣摸研究。有时某人出门买些糖食，大家分享。常言道："文人相轻"；

又说是："同行必妒"。我们既是文人，又是同行，居然能融融洽洽，同享帘子的荫护和炉子的温暖，实在是难而又难的难友啊！

这一帘一炉，就是人性的光辉。

在这篇漫长的散文最后，杨绛如此写道：

按西方成语："每一朵乌云都有一道银边。"丙午丁未年同遭大劫的人，如果经过不同程度的摧残和折磨，彼此间加深了一点了解，萌生了一点同情和友情，就该算是那一片乌云的银边或竟是金边吧？——因为乌云愈是厚密，银色会变成金色。

常言"彩云易散"，乌云也何尝能永远占领天空。乌云蔽天的岁月是不堪回首的，可是停留在我记忆里不易磨灭的，倒是那一道含蕴着光和热的金边。

相濡以沫，乱世之中小安稳

杨绛夫妇自巴黎归国以来，几乎没过过什么安稳日子。先是抗日战争，后是解放战争，紧接着便是层出不穷的运动、各式各样的斗争，变换着花样的下放锻炼。

许多人可能要追问一句，他们为什么会来，或者，他们为什么不走？事实上，确实有青年人在杨绛的晚年这样追问过。杨绛在《干校六记》里写过一段话，可算是他们的情感立场与回答：

回家的是老弱病残。老弱病残已经送回，留下的就死心塌地，一辈子留在干校吧。我独往菜园去，忽然转念：我如送走了默存，我还能领会"咱们"的心情吗？只怕我身虽在干校，心情已自不同，多少已不是"咱们"中人了。我想到解放前夕，许多人惶惶然往国外跑，我们俩为什么有好几条路都不肯走呢？思想进步吗？觉悟高吗？

默存常引柳永的词："衣带渐宽终不悔，为伊消得人憔悴。"我们只是舍不得祖国，撇不下"伊"——也就是"咱们"或"我们"。尽管亿万"咱们"或"我们"中人素不相识，终归同属一体，痛痒相关，息息相连，都是甩不开的自己的一部分。我自惭误听传闻，心生妄念，只希望默存回京和阿圆相聚，且求独善我家，不问其它。解放以来，经过九蒸九焙的改造，我只怕自己反不如当初了。

······

我问："你悔不悔当初留下不走？"

他说："时光倒流，我还是照老样。"

默存向来抉择很爽快，好像未经思考的；但事后从不游移反复。我不免思前想后，可是我们的抉择总相同。既然是自己的选择，而且不是盲目的选择，到此也就死心塌地，不再生妄想。

动荡之间，他们也不能有个恒定的温暖的小窝。不断地迁居，仿佛就是他们这四十年的轨迹。钱锺书曾经将他们的一个居所取名"容安室"，愿望朴素又直接。

伴随着朴素愿望的实现，一直是两个人不离不弃相濡以沫的生活。他们在社科院学部的时候，那住所之简陋令人吃惊。

钱锺书那时身体也不好，病病歪歪的，只能在屋里待着，连出门都不能。那是怎样的住房呢？杨绛在《我们仨》里写道："我们这间房，两壁是借用的铁书架，但没有横格。年轻人用干校带回的破木箱，为我们横七竖八地搭成格子，书和笔记本都放在木格子里。顶着西墙，横放两张行军床。中间隔一只较为完整的木箱，权当床头柜兼衣柜。北窗下放一张中不溜的书桌，那是锺书工作用的。近南窗，贴着西墙，靠着床，是一张小书桌，我工作用的。我正在翻译，桌子只容一沓稿纸和一本书，许多种大词典都摊放床上。"

斯是陋室，往来无白丁，大约就是杨绛他们家的情况了。当时有人派袁水拍来做他们的工作，要给他们换个环境。他们异口同声地拒绝了。一个说这里很舒服，另一个说这里很方便。后来，那人又传话说："锺书同志可以住到钓鱼台去，杨绛同志也可以去住着，照顾锺书同志。"

斯文的杨绛竟然回复说："我不会照顾人，我还要阿姨照顾呢！"过一天，那边又传话说："杨绛同志可以带着阿姨去住钓鱼台。"一时间，两个人毫无心理准备，只是为难了回话的袁水拍。

就是在这一年的冬天，杨绛和钱锺书两人差点儿给煤气熏死。他们临睡前忘记检查烟囱管——那里已经被堵住了。由于杨绛睡眠不太好，睡前又吃了安眠药。睡梦中闻到一股煤气味，却无论如何也醒不过来。

就在她挣扎着准备醒来的时候，忽然听见重重的一声，那是钱锺书整个人摔倒在地的声音。这一声不得了，杨绛一惊一着急，马上醒过来了。

她赶紧穿上衣服，三步并作两步给钱锺书找了件厚棉衣盖上，然后赶紧开窗。这就是杨绛的个性，每临大事有静气，一点儿也不慌乱。原来钱锺书之所以会摔倒，正是因为他也闻到了煤气味，想要起身去开窗，却不料头晕，一头倒下，脑门磕到了暖气片，这才完全摔倒。她给他扶上床，跑去开另一扇窗。然后用帽子围巾，将他裹得严严实实，自己也穿得很厚实，两个人相对，再无睡意，等待天明。若无钱锺书那一跤，杨绛和他恐怕要在明知煤气中毒的情况下绝望丧生了。

一对相濡以沫的老人，共同抵挡了这么多人生风风雨雨，又在这看不见的日常凶险里过来了。此前，钱锺书还曾因为哮喘发作急救。那一次也幸亏杨绛和邻居们通力合作，才将他从死神的手里抢救了回来。

他的哮喘好转了，然而他去医院检查的时候，尚需扶着杨绛，病弱的他，甚至需要全身都靠在杨绛身上。杨绛年龄也大了，渐渐地扶不动了。他躺在椅子里看书，他阅读书籍有个习惯保持终身，就是记笔记。但是他的身体情况很糟糕，手不应心，无法控制。渐渐地，越来越严重，发展到了舌头也大了，话都说不清楚的地步。

杨绛担心他脑子里长了什么不好的东西，于是又带着他到两个医院里检查。诊断的结果倒是一样：因哮喘，大脑皮层缺氧硬化，无法医治。只能静养，看看是否能恢复。

好在他在杨绛的细心照顾下，渐渐地恢复了健康。脚力有了以后，他们会在忙碌的工作之余，一起到日坛公园散步。这对饱经风霜的老人，仍然像个大孩子，将这种散步称为探险，一如当年他们在欧洲。他们的好奇心从未退场过，还像年轻时那么兴致好，对什么都有兴趣。他们在一起，总能探索到新鲜的事物。

在大动荡结束后的 1977 年 1 月间，某天忽然有个办事人员给了杨绛一串钥匙，叫她去看房子。并且还叫上了钱瑗，有人开车送过去。"如有人问，你就说因为你住办公室。"

这个房子就是后来杨绛一家难得的安定之所，三里河南沙沟寓所。在 2 月 4 日立春那一天，在众位朋友的帮助下，他们终于迁入新居。

飘飘摇摇大半生，这才有了个安顿肉身的居所。但究竟是谁送了他们一套房子呢？他们夫妻俩猜来猜去，却怎么也猜不出个所以然来。

何其芳和他们是由领导而变为朋友的，他们迁到新居以后，何其芳还带着夫人一起来看过。他很欣赏杨绛家的洗墩布的地方，心里很愿意有这么一套房子。看来，不是他给分的。

10 月的时候，钱锺书一位不相识的清华校友胡乔木突然来访。他曾经是毛选英译委员会的上层领导，虽然和钱锺书同学过，但是不相识。

杨绛家里有个帮忙的周奶奶，不爱睡在吃饭间，一到晚上就把床铺到走廊里。后来胡乔木偶尔会来夜谈，夜谈则不免看到大门口堵着一张床。于是就问他们房子是否够住。

他们便明白了，原来房子是胡乔木帮的忙。杨绛说："始愿不及此。"这就是他们对胡乔木表达谢意的话了。

后来身为领导的胡乔木时不时就来找他们聊天。但杨绛说："可是我们和他地位不同，身份不同。他可以不拿架子，我们却知道自己的身份。他可以随便来，我们决不能随便去，除非是接我们去。我们只能'来而不往'。我们受到庇护，心上感激。"

钱锺书的《管锥编》因为有了胡乔木的支持，出版社用繁体字排印。钱锺书高兴地对杨绛说："《管锥编》和《堂吉诃德》是我们最后的书了。你给我写三个字的题签，我给你写四个字的题签，咱们交换。"

杨绛就俏皮地说："你太吃亏了，我的字见得人吗？"

钱锺书则答："留个纪念，好玩儿。随你怎么写，反正可以不挂上你的名字。"于是，他们就签订了这样一个"不平等条约"。

奔波了大半生的他们，终于有了容安之地了。而钱瑗周末也可以回到他们身边小住一下，一家人难得这样的好时光。真是守得云开见月明。

在1978年的时候，钱瑗考取了留学英国的奖学金。她本来是俄语系老师，后来改学英语，转到了英语系。她原本还很担心自己考取不了，因为她毕竟不是学习英文的。她的名额是替补的，是因为有人临时放弃了。她于是既要教学，又要学习，其中之艰辛可想而知。然而，她最后竟然考取了。不愧是杨绛和钱锺书的女儿！不愧是令钱基博倍感骄傲的钱家读书种子！

钱瑗留学英国的一年，他们想女儿想得万分辛苦。简直像当年他们初到牛津，想母亲一样。也许，还要更甚。

他们开始盼着钱瑗的来信，每当有大洋彼岸的信件漂洋过海飞到他们的手里时，他们总是争着要看圆圆头的信。

杨绛说："我们只愿日常相守，不愿再出国。阿瑗一九九〇年又到英国访问半年。她依恋父母，也不愿再出国。她一次又一次在国内各地出差，在我都是牵心挂肠的离别。"

人生只似风前絮

三里河的公寓对于杨绛一家来说，非但宽敞舒适，环境也优美，最为难能可贵的是，圆圆头终于可以回来和他们一起了。他们又回到了我们仨的状态。尽管，只是偶尔。杨绛说这就像是长途跋涉之后，终于有个可以安顿的家了。

他们一家人，各自找到一个据点，静静地读书工作。这段难得的时光，在《我们仨》里，有最为深情的描述：

我们仨，却不止三人。每个人摇身一变，可变成好几个人。例如阿瑗小时才五六岁的时候，我三姐就说："你们一家呀，圆圆头最大，锺书最小。"我的姐姐妹妹都认为三姐说得对。阿瑗长大了，会照顾我，像姐姐；会陪我，像妹妹；会管我，像妈妈。阿瑗常说："我和爸爸最'哥们'，我们是妈妈的两个顽童，爸爸还不配做我的哥哥，只配做弟弟。"我又变为最大的。锺书是我们的老师。我和阿瑗都是好学生，虽然近在咫尺，我们如有问题，问一声就能解决，可是我们决不打扰他，我们都勤查字典，到无法自己解决才发问。他可高大了。但是他穿衣吃饭，都需我们母女把他当孩子般照顾，他又很弱小。

他们两个会联成一帮向我造反，例如我出国期间，他们连床都不铺，预知我将回来，赶忙整理。我回家后，阿瑗轻声嘀咕："狗窠真舒服。"有时他们引经据典的淘气话，我一时拐不过弯，他们得意地说："妈妈有点笨哦！"我的确是最笨的一个。我和女儿也会联成一帮，笑爸爸是色盲，只识得红、绿、黑、白四种颜色。其实锺书的审美感远比我强，但他不会正确地说出什么颜色。我们会取笑锺书的种种笨拙。也有时我们夫妇联成一帮，说女儿是学究，是笨蛋，是傻瓜。

然而，这样温馨的一幕，在 1995 年冬天的时候，戛然而止。

钱瑗病倒了，她被累病了。她是个特别认真的人，比较"死心眼"，做任何事都这样，从不肯马虎一点。她在北师大已经是博士生导师了，然而又同时给本科生开课。学生的毕业论文，她总是改了又改，不合格的就让学生重写。费时费力。

杨绛问她，就不能偷点儿懒吗，她回答说没办法。母亲的话倒不是真的让她糊弄工作，只是看着心疼，想让她多一点儿休息而已。

那时钱瑗住的地方和学校相距很远，一天要坐很久的公交车。有一天，她起晚了。头天夜里熬夜工作的缘故。起来后，她急匆匆地梳洗，然后就是接二连三地赶车。等赶到学校的时候，却发现自己的脚上穿着两种颜色的布鞋！

她只好请同事找来他的夫人的鞋子换上。这件小事，看起来荒诞不经又让人啼笑皆非，但细思量真不是滋味。一个人得忙成什么样，神经得紧张到何种程度，才能如此呢？这样的事，对于做母亲的杨绛来说，更是心疼。

有人问钱瑗近况如何，她老实作答："心力交瘁。"她又跟人说自己是骑在老虎背上……

就这样，她终于累倒了。

起先，她出现了咳嗽，以为是个感冒，对付一下就过去了。接着是腰疼。让她去看病，她想着手头那么多的工作，总是拖着，以为不要紧。她一边工作，一边喝着止咳糖浆。这个做事认真的圆圆头，哪里知道等待她的是一场难以治愈的大病呢？

她的腰疼越来越严重，发展到无法蹲下，洗脚都困难，只能用棍子挑着毛巾擦脚。然而，就是到了这样的时候，她还是没有告诉杨绛。她知道母亲太难了，太累了。因为，在她病重之前，父亲钱锺书已经住院了。

1996年春天的一个清晨，她的腰疼加剧，发现自己竟然无法坐立起来。她只好求助于系里的人，让人带她去医院检查——去的时候，她的心里还在想着工作，想着看一下，总要回来教书的。她甚至对杨绛说："妈妈，我很快就回来。"

杨绛曾问钱锺书说，我们的女儿像谁。钱锺书说，爱教书像爷爷，刚正像外公。

这个爱教书又很刚正的圆圆头，一到医院就再也没回来过。她拍了片子，做了核磁共振，腰椎上有阴影，肺部也有阴影。一个不祥的消息传来了——癌症。

但医生一开始没告诉钱瑗，只告诉了她的丈夫。等到钱瑗的丈夫告诉钱瑗的时候，就变成了非常严重的骨结核，需要大休养一段时间就好了。然后，钱瑗又告诉母亲杨绛。最终，躺在病床上的钱锺书听到的消息则是没那么严重的骨结核了。

从脊椎癌扩散到肺癌晚期，再到休养一阵就能出院的骨结核，这一个个谎言的背后，全是爱与体贴。他们爱自己的亲人，他们要自己承担得更多，不愿亲人痛苦。

钱锺书在听了杨绛转达的病情后，宽慰杨绛也宽慰自己道："坏事变好事，从此可卸下校方的重担了，此后也有理由可推托不干了。"

杨绛因为要照顾钱锺书，已经八十多岁的她，每个周末还要赶一趟西山脚下，去看看女儿钱瑗。但每次去看她的时候，屋子里都是人，母女俩也说不上什么话。何况，那时候的钱瑗身体状况很差，说话有气无力，已经到了说一会儿话就乏力想要睡觉的程度。

于是，她们就约好每晚打电话。这样母女俩就可以说说体己话了。她们将这个事情称为拉指头，因为不能像平时见面那样可以手牵手很亲密，就当是拉指头的游戏吧。

可是，就是这样，钱瑗在病榻上依然坚持工作。指导博士生论文，撰写杂志约稿。此外，因为她人缘好，终日有人来看望她。这些人虽然是出于好意，但其实对病重的人来说并不适宜，因为每一点精力的损耗都对病情的加重有影响。

钱瑗住院两个月后，病情急转直下。因为化疗的缘故，她的头发大把大把地掉。为此，在头发掉光的时候，她不得不戴着一顶小白帽。就是在这样的时刻，她依然表现得很乐观坚强，开玩笑说："我现在是尼姑了！"

朋友安慰她说："还是个漂亮的尼姑呢！"

过去的隐瞒，这时候因为病情的加重，便渐渐知晓了。钱瑗的一个学生，在美国教书。他给老师打电话的时候，听着老师声音微弱，心里很痛苦，难过地问她美国这里有什么药能治她的病吗。钱瑗回答："你还不知道，有的病，药是治不了的。"她这句话一说完，学生在那头放声痛哭。

再后来，钱瑗已经无力支撑说话。她每日要靠吸氧机的氧气供给存活。老母亲分身乏术，一头是得了膀胱癌住院的丈夫钱锺书，另一头是自己身上掉下来的一块肉，圆圆头年纪轻轻却备受病魔折磨。1996 年底，医院下发了钱瑗的病危通知书，让家里人准备后事。

这时的圆圆头，自己已不能进食，却还操心着母亲的饮食问题，支撑着病体，为她写下了简易菜谱。也是在这样的时刻，她还坚持写回忆与父母的散文《我们仨》，头一篇就是"爸爸逗我玩"。1997 年的 3 月 4 日，她用尽最后的力气完成了前五篇，再也无余力写作了。

她对杨绛说："娘，你从前有个女儿，现在她没用了。"杨绛听了锥心刺骨地痛。

仿佛有预感，聪明如钱锺书，虽然杨绛一直不告诉她圆圆的真实情况，但是在杨绛去看圆圆的时候，他突然在背后大喊了七八声"阿圆"。

然后对杨绛说："让小王送阿圆转去。"

杨绛问："回三里河？"钱锺书摇头。

她只好又问："西石槽？"

钱锺书说："究竟也不是她的家，叫她回自己的家里去。"

这个家，究竟是哪里呢？

圆圆头弥留之际，杨绛拉着她的手，附在她的耳边说："安心睡觉，我和爸爸都祝你睡好。"这是最后的叮咛。

在 1997 年的早春，在勉力写完那五篇回忆录之后不到一周的时间，他们的宝贝女儿，终于走完了短暂的一生。

钱瑗去世后，她的本意是不留骨灰。但北师大的师生舍不得阿瑗，将她的骨灰带回去，埋在她生前经常路过的一棵松树下。

后来，杨绛经常到树旁坐坐，不说话，母女俩阴阳永隔，就这样默默相对。从此，老母断肠处，明月下，常青树。

圆圆头走了，可为难了两头跑且一直充当信息员的老母亲杨绛。她独自承担着巨大的悲痛，还要须臾不离地照顾钱锺书。她该如何去告诉钱锺书呢？

从前，她们一起瞒着他女婿王德一去世的消息。现在，她只有一个人了，一个老弱病残的躯体，该如何面对另一个风中之烛的病体？

她选择循序渐进的方式。

她说阿瑗现在没病了。

又说阿瑗不咳嗽了，没痰了。

然后说阿瑗不疼了，能睡安稳了。

最后一句是：她去了。

其实，聪明如他，和阿瑗最哥们儿的他，又怎会不知呢？从她说第一句话开始，他就明白了。他听着妻子说到"她去了"那句话时，紧握着杨绛的手，手心发烫，一言不发。

后来，杨绛替代女儿完成了《我们仨》。在这本书的尾声，她这样写道：

阿瑗是我生平的杰作，锺书认为"可造之材"，我公公心目中的"读书种子"。她上高中学费粪桶，大学下乡下厂，毕业后又下放四清，几蒸几焙，却始终只是一粒种子，只发了一点芽芽。做父母的，心上不能舒坦。

这几句简单的话里，有多少深沉的爱和委屈啊。可爱的圆圆头，父母的心头肉，一生为人善良又刚正的她，错生了时代。好在，她有这样一个温暖的家，有这样一对令她骄傲的可亲的父母。

世间好物不坚牢

那两年，杨绛的日子非常不好过，先是钱锺书住院，后来是钱瑗。这位银丝满头的坚韧女性，承受了常人难以忍受的煎熬。

年龄大了，身体就像一台机器，不是这个零部件坏了，就是那个零部件坏了。机器坏了，还能修理。身体坏了，比这个还糟糕，只能慢下来，只能选择少工作，或干脆不工作用来休养。等着我们的身体真的"报废"，那是一种在痛苦中绝望的滋味。

杨绛喜欢将老年的他们比作红木家具。"别看咱们外表挺结实，其实是红木家具。你知道红木家具吗？那是一种用胶水粘起来的家具，摆在那里挺好看的，就是不能搬动。"确实如此，自 1994 年开始，钱锺书就像个贵重的红木家具，只能从家里挪到了医院。

起先，他只是发烧，到医院检查后，发现是膀胱癌。手术之中，发现他右边的肾也坏死了。于是，癌变组织和坏肾一起被切了。

住院期间，杨绛寸步不离，在他的旁边安一张小床日夜伺候。但因为她自己也是件红木家具了。亲友、医护人员，无不劝导她回家休息一下，让别人来替代。

然而，杨绛却说："锺书在哪儿，哪儿就是我的家。"

钱锺书不忍心看着她太憔悴，也劝过她好多次，但她都拒绝了。

她说过这样的话："论照顾人，男人不如女人，我努力让自己活得久一点，争取夫在先，妻在后，顺序不能颠倒。乱了，就麻烦了。"她一生样样把钱锺书放在自己的前面。

一篇名为《魔镜里的钱锺书》记录下病中的钱锺书和杨绛在医院里的对话情景：

"季康，不是说咱们找的人明天就来吗？明天你就回家吧。"黑暗里钱锺书说。"这怎么行，咱这只是从帮忙辅助的意义上找的人，我不走。"折叠床上的杨绛说。"你可以站在一旁看看她做，看过了你总该放心，就明天一天嘛。"

"默存，我发现《槐聚诗存》上有几处我抄错了字，书都印出来了，这可怎么好？""打岔，说你该回家的事。""我怎么能把你的诗抄错了呢？真是的。我怎么会抄错了呢……"小床上她叹着气。"明天你就回家去吧。……"没有回答。在被街衢道路包围的医院里，夜深时总能听见车声。两地过车声又有不同。床头柜那边传来钱锺书摸索的动静。杨绛问："找安眠药？""睡不着，闹离愁了吧？吃一片吧。不用你，不用开灯。"

杨绛起身，按亮壁灯，筛上温开水，看着丈夫服下舒乐安。她自己也掐出一片，钱锺书伸手接住。杨绛争道："这不公平，在家时不是我吃安眠药你也陪着吃吗？你说过中毒俩一块中，岂可让我独中手？"

钱锺书拉着杨绛的手说："你不失眠，最近睡的挺好，白天一睡，夜里呼噜打得跟咱家原先养的猫似的……你告诉浙江文艺，他们不是让我给你的散文集题字吗？我写。"

钱锺书近两个月在医院里，杨绛就是这样陪伴着。等他出院的时候，她也快病倒了，整个人成了纸片人。

然而，他回去后不久再次生病住院。这一住就是四年有余，直到生命的最后一刻，都是在医院里度过的。

他不能进食，只能用鼻饲的方法。既要保证钱锺书的营养，又要保证食物便于他独特的进食方式，杨绛每天要在家里炖了鸡汤或鱼汤送到医院，这样才能和医院里医生开出的营养液合在一起。

她需要每天准时送到。虽然食材的准备可以有保姆帮忙，但每次做，她都亲力亲为，为的是放心。四年多来，天天如此，别说是个八十多岁的老人了，就是青年人，恐怕也倒下了。

但是她没有。她日日如此。其间，她还经历了女儿钱瑗的病故。她在给一封友人的信中，这样写道："我实在太疲劳了，不得不要女儿代我送去，让我休息几天。但我女儿工作极忙，我又心疼我的女儿。"这时，还有女儿可以依靠。后面，她只有自己了。

她和钱锺书在一起的时候，有时用无锡话，有时用英语交流。1998 年 11 月 21 日，钱锺书在医院里过了他人生中的最后一个生日。第二天，北京飘起了洋洋洒洒的雪。

此后的十来天里，钱锺书病情较为稳定。但到了 12 月初，却开始高烧。他的病情牵动着很多人的心，北京各大医院名医会诊。然而，他的人生之路就要走完了。

他在清醒的时候，交代杨绛丧事从简，不举行任何追悼仪式，也不留骨灰，不设灵堂，没有告别仪式。他留给陪伴自己一生的伴侣杨绛最后一句话是："好好活。"

临走的时候，他有一只眼没合上。杨绛握着他的手，附在他耳边，像从前一样，对他说："你放心，有我呐！"然后，她用自己的手轻轻地替他合上了眼。他走得很放心，因为有杨绛。

确实，任何时候，只要有这位最贤的妻在，他总是放心的。他一生闯了那么多的"祸事"，都是她给他挡着。

钱锺书的遗体火化的时候，只有少数亲友参加，一切都遵照他生前的遗嘱执行。他走的时候，身上穿着杨绛亲手为她织的毛衣毛裤，还有阿瑗为爸爸做的裤子。当年她曾想把这些旧衣服捐赠出去，是钱锺书给拦下的。他戏称这些衣物都是"慈母手中线"，一针一线的情意，怎么能扔掉呢？

于是，杨绛亲手织的这些衣物就被保留了，一直留到了陪伴他人生的最后一程，护佑他到彼岸世界，给他最后的温暖和慰藉。

从前，杨绛的父亲杨荫杭去世后，钱锺书就曾保留下岳丈的鞋子等物品，还亲切地说这是爸爸的鞋，这是爸爸的衣。他向来深情。

杨绛后来撰文说到，从前在欧洲得知母亲去世的消息时，痛哭不已，但是尚有锺书陪伴宽慰。现今，她只能把所有的悲痛独自吞咽了，再无他在旁边宽慰。她说想起来，那时倒是幸福的。

她一直陪他到最后，站在焚化炉前，等着他出来。有人担心她承受不住，跟她说不如出来等吧。她坚持说"不"，她想再陪陪锺书，多陪他两分钟。

她和众人一起将他的骨灰就近抛洒在北京的大地上。

一九九七年早春，阿瑗去世。一九九八年岁末，锺书去世。我们三人就此失散了。就这么轻易地失散了。"世间好物不坚牢，彩云易散琉璃脆。"现在，只剩下了我一人。

我清醒地看到以前当做"我们家"的寓所，只是旅途上的客栈而已。家在哪里，我不知道，我还在寻觅归途。

我一个人思念我们仨

原本是我 + 你 = 我们仨，如今，只剩下一个孤独的老人形影相吊。送走钱锺书，那时的她已经是个八十七岁的老人了。

原来的赌书泼茶，现在只有她独自面对宽大的房间、安静的书桌——过于安静了，一个人的叹息都会成为回声。

在与人倾诉和独自吞咽悲伤之间，她选择了后者。她变得闭门不出，白天还好消磨。发发呆，静静地想着她那个有些痴气的丈夫和圆圆头。也可以读读书，借此转移一下注意力。然而，夜间就难了。

她的失眠症犯了，她不得不求助于安眠药。并且，需要一夜吃两次。因为一次不够整夜安睡，总是半夜醒来，被锥心的痛和无法习惯的安静给吵醒。那时，她就起身再吃一片。从前，要跟她一起"中毒"吃安眠药的那个人不在了。

回忆起我们仨的过去时光，杨绛说自己像做了一个万里长梦。如今，只剩下她一个人住在人间客栈了，她不论是醒着还是梦里，都盼望着我们仨早日团圆。

她曾说钱锺书不喜欢人家哭他，不知道她只和一个老保姆相对的那些日子里，有没有落过泪。想来，一定有的。那些日子，偶尔会客，她身着的总是黑色衣裤，她用生活中的一点一滴纪念着他呢。

在罗银胜的书里，讲过这样一则小故事。据说舒展在钱锺书离世以后，曾经安排自己的夫人去看望杨绛，表达一下哀思的同时，也安慰一下这个外表文静柔弱内心孤独的老人。谁知，她一进门还没等开口，发现家中只有杨绛孤身一人的身影，她就忍不住悲伤，哭了起来。哭得忍不住，最后竟然是放声大哭。

这一声痛哭里，有对她孤独的同情，更有对她过去忍受的现在仍在忍受的将来也不可避免要忍受的寂寞的同情。同为女性的身份，更明白这份外人看来坚韧的内里有多少眼泪和血。

杨绛见她痛哭不已，拉着她的手，把她领到沙发上，请她坐下。然后柔声地说："你比钱瑗小四岁吧？傻孩子，我都挺过来了，你还这样哀伤？你不懂呀，如果我走在女儿和锺书前面，你想想，钱瑗、锺书受得了吗？所以，这并不是坏事，你往深处想想，让痛苦的担子由我来挑，这难道不是一件好事吗？"

这样，回来后的舒展夫人被她先生"笑话"："瞧你这点出息，让你去安慰老太太，反倒成了被安抚者。"

闭门谢客的杨绛，选择了躲进书海里。她开始继续圆圆头没能完成的写作，她要在纸上复活一个鲜活的女儿和一个顽皮的丈夫，于是她开始创作《我们仨》。在这本书的第一部分，却是我们仨失散了。上来就是万里长梦的梦境：

已经是晚饭以后，他们父女两个玩得正酣。锺书怪可怜地大声求救："娘，娘，阿圆欺我！"

阿圆理直气壮地喊："Mummy娘！爸爸做坏事！当场拿获！"（我们每个人都有许多称呼，随口叫。）

"做坏事"就是在她屋里捣乱。

我走进阿圆的卧房一看究竟。只见她床头枕上垒着高高一叠大辞典，上面放着一只四脚朝天的小板凳，凳脚上端端正正站着一双沾满尘土的皮鞋——显然是阿圆回家后刚脱下的，一只鞋里塞一个笔筒，里面有阿圆的毛笔、画笔、铅笔、圆珠笔等，另一只鞋里塞一个扫床的笤帚把。沿着枕头是阿圆带回家的大书包。接下来是横放着的一本一本大小各式的书，后面拖着我给阿圆的长把"鞋拔"，大概算是尾巴。阿圆站在床和书桌间的夹道里，把爸爸拦在书桌和钢琴之间。阿圆得意地说："当场拿获！"

锺书把自己缩得不能再小，紧闭着眼睛说："我不在这里！"他笑得都站不直了。我隔着他的肚皮，也能看到他肚子里翻滚的笑浪。

多么美好又温馨的一个梦呀。虽然是梦，然而却是他们过去的日常之影。

还在圆圆很小的时候，钱锺书就爱捉弄他们的宝贝女儿。每次家里有好吃的东西，他就对圆圆头说："Baby no eat"说多了，她慢慢就懂了，然后开始学会看妈妈的脸色——从杨绛的脸上表情，分析一下自己究竟是否可以吃。

有一次，钱锺书故技重施，又说了这句话，"Baby no eat"。小鬼灵精看了看妈妈的脸色，然后破天荒地自创了一句英文，"Baby yes eat"。这是六岁时候的她和父亲。

自然，一身痴气的钱锺书，对女儿的逗弄何止这一项？比如被窝里藏东西，脸上画大花猫，这都是他做过的事。在钱瑗去世前记录的那篇《爸爸逗我玩》里，她这样写道：

爸爸还教我一些英语单词。短的如牛、猪、猫、狗，最长的是metaphysics（形而上学），见还有潜力可挖，就又教我几个法语或德语单词，大都是带有屁屎的粗话，不过我当时并不知道。有朋友来时，他就要我去卖弄，我就像八哥学舌那样回答，客人听了哈哈大笑。我以为自己很"博学"，不免沾沾自喜，塌鼻子都翘起来了。

这些都是后来年近九十岁的杨绛所记录下来的生活片段。

在旁人眼中，他们是另一番风景："杨先生是钱先生的理发员，钱先生是杨先生的书法老师。年逾七旬的杨先生拿起毛笔练字，她请钱先生当教员，钱先生慨然接受。但提出严格要求：学生必须每天交作业，由他评分，认真改正。钱先生审批杨先生写的大字，一丝不苟或画圈儿或打杠子。杨先生嫌钱先生画的圈不够圆，找到一支笔管，让他蘸印泥在笔画写得好的地方打个标记。杨先生想多挣几个红圈儿。钱先生了解杨先生的心理，故意调侃她，找更多的运笔差些的地方打上杠子。我见过杨绛先生的大楷'作业'，她很重视钱先生的批示。两位老人童心不泯感情纯真如初。"

这是高莽笔下的钱杨二位。

在《我们仨》这本书里，中间部分有好几张家庭照片，从他们年轻的时候，一直到老。从留洋牛津时的风度翩翩大才子与时尚雅致的大家闺秀，到怀抱幼儿的母亲，再到圆圆头的逐渐长大，与之相随的是他们的逐渐衰老。

有两张照片特别有趣，也特别有爱。正好和高莽的描述可相印证。

一张是钱锺书手里拿着剪刀给杨绛剪发，另一张则是杨绛拿着推子给钱锺书理发。她在两张照片的旁边写下了文字：锺书和我互相理发，我能用推子，他能用剪刀。

她独自坐在三里河的家中，为世人写下了这样一本温情脉脉的书。她说：

三里河寓所，曾是我的家，因为有我们仨。我们仨失散了，家就没有了。剩下我一个，又是老人，就好比日暮途穷的羁旅倦客；顾望徘徊，能不感叹"人生如梦"，"如梦幻泡影"？

但是，尽管这么说，我却觉得我这一生并不空虚；我活得很充实，也很有意思，因为有我们仨。也可说：我们仨都没有虚度此生，因为是我们仨。

"我们仨"其实是最平凡不过的。谁家没有夫妻子女呢？至少有夫妻二人，添上子女，就成了三个或四个五个不等。只不过各家各个样儿罢了。

我们这个家，很朴素；我们三个人，很单纯。我们与世无求，与人无争，只求相聚在一起，相守在一起，各自做力所能及的事。

碰到困难，锺书总和我一同承担，困难就不复困难；还有个阿瑗相伴相助，不论什么苦涩艰辛的事，都能变得甜润。我们稍有一点快乐，也会变得非常快乐。所以我们仨是不寻常的遇合。

现在我们三个失散了。往者不可留，逝者不可追。剩下的这个我，再也找不到他们了。我只能把我们一同生活的岁月，重温一遍，和他们再聚聚。

书写，就是抵抗遗忘；书写，就是让人复活。她读，写，都是用她的方式——我一个人思念我们仨。

死者如生，生者无愧

草木有本心

杨绛在一篇名为《隐身衣》的散文中如此写道：

我们夫妇有时候说废话玩儿。

"给你一件仙家法宝，你要什么？"

我们都要隐身衣，各披一件，同出遨游。我们只求摆脱羁束，到处阅历，并不想为非作歹。可是玩得高兴，不免放肆淘气，于是惊动了人，隐身不住，得赶紧逃跑。

……

其实，如果不想干人世间所不容许的事，无需仙家法宝，凡间也有隐身衣；只是世人非但不以为宝，还唯恐穿在身上，像湿布衫一样脱不下。因为这种隐身衣的料子是卑微。身处卑微，人家就视而不见，见而无睹。

杨绛所说的隐身衣，世人何曾当作宝呢？世人想要的不是隐身，而是显身。她举了一个例子，来自中国古代的笔记小说。说有这么一个人，死去了，因思念家人，于是回家看看他们。与我们所设想的差不多，他能看见家人的一举一动，家人却看不见他。家里开饭了，他也很想如过去那样，欣然入座，却发现，没有他的位置。家中不再有他的位子和碗筷，这种故事说来辛酸。

其实，细想来，我们每个活着的人，又何曾没有这个死去的人的遭遇呢？我们爱重某个人，结果却发现，对方并不同样爱重我们，几乎将我们的尊严打翻在地。仿佛你是个无，你一无所有，你甚至不存在。

也许，正是因为"人要脸树要皮"，人们从小就被教育要成为有用的人、有出息的人，这样，走到哪里，人家都不敢轻慢我们。

我们以为这是天经地义的事儿。杨绛却不这样看。她说：

但天生万物，有美有不美，有才有不才。万具枯骨，才造得一员名将；小兵小卒，岂能都成为有名的英雄。世上有坐轿子的，有抬轿的；有坐席的主人和宾客，有斟茶上菜的侍仆。席面上，有人坐首位，有人陪末座。厨房里，有掌勺的上灶，有烧火的灶下婢。天之生材也不齐，怎能一律均等。

……

有人是别有怀抱，旁人强不过他。譬如他宁愿"曳尾涂中"，也只好由他。有人是有志不伸，自己强不过命运。譬如庸庸碌碌之辈，偏要做"人上人"，这可怎么办呢？常言道："烦恼皆因强出头。"猴子爬得愈高，尾部又秃又红的丑相就愈加显露；自己不知道身上只穿着"皇帝的新衣"，却忙不迭地挣脱"隐身衣"，出乖露丑。好些略具才能的人，一辈子挣扎着在人上，虚耗了毕生精力，一事无成，真是何苦来哉。

杨绛所言，今时今日显得更加可贵而诚恳。不少为人父母的人，望子成龙望女成凤的心情固然可以理解，但是如果只是一味地"培养"孩子，他们的培养，与其说是教育，倒不如说是摧残。

假如我们的才具天生就是一株野花，何不学那诗中的芙蓉，涧户寂无人，也开也落，落得个清净自在潇洒。这便是杨绛的"隐身衣"。人人都去争那热闹繁华，争那众星捧月似的场面，她却只想要清清静静地专心做自己的研究，写自己想写的书，于此便心愿大足。杨绛说：

穿了凡间的隐身衣也有同样不便。肉体包裹的心灵，也是经不起炎凉，受不得磕碰的。要炼成刀枪不入、水火不伤的功夫，谈何容易！如果没有这份功夫，偏偏有缘看到世态人情的真相，就难保不气破了肚，刺伤了心，哪还有闲情逸致把它当好戏看呢……但无论如何，隐身衣总比国王的新衣好。

"我走到了人生的尽头"

"二〇〇五年一月六日，我由医院出院，回三里河寓所。我是从医院前门出来的。如果由后门太平间出来，我就是'回家'了。"

这是杨绛在其晚年著作《走到人生边上——自问自答》序言

里的一句话。此时的她，是个孤独虚弱的老人，一个年近百岁，人生路上的独行者。一个等待"回家"团聚的旅客。

人生如寄。

而三里河，那个曾经被称为家的寓所，因为女儿钱瑗和丈夫钱锺书的相继离世而越发冷清。

这里，没有她所爱的人，已经不再被她称为家，而是寓所——她活在人世的一处居所罢了。用她自己的话来说，叫"客栈"，身体疲乏后歇脚的地方。

歇一歇，她就该启程赶路了。

去哪里？

回家。回她真正的家。

她已经走到了人生的边上，再向前一步就是众所周知的归处。等待一个老人的，除了寂寞和病痛，还能有什么呢？那归处的灯火已经在黑洞洞的旷野中若隐若现，引人上路。

但，很显然，此刻时间未到。

没人知道她是如何度过那两年的。那段日子对这位饱经风霜的老人来说，其酷烈痛苦胜于过去艰苦岁月里的任何磨炼。面对生命中两位最亲的人离世，她说痛苦不能对抗，只能逃避。

如何逃避？

对杨绛这样的知识分子来说，就是忘我地阅读和写作。

她希望自己能从哲学中获得一些教益。柏拉图是她那段时间阅读较多的哲学家，在《斐多》中，她被苏格拉底打动。苏格拉底之死，被誉为西方历史上仅次于基督之死的重大事件。她反复地读《斐多》，惊叹于苏格拉底的智慧和良知，以及其为信仰真知献身的精神。

她逃到了她钟爱的书中，就像过去的时光。专注的阅读，的确有缓解痛苦的效用。她的伤口慢慢结痂。那双流着泪流着血的眼睛，终于安详地闭合，退回到她心灵深处一个幽深的所在。

经过连她自己也不清楚多少次的阅读，她决心翻译《斐多》，让更多备受折磨的苦痛灵魂得到智慧的抚慰。

然而，这一切她觉得还不够。

翻译之余，她还想为"我们仨"写点什么。

于是，她开始漫长的晚年写作生涯。一辈子甘当"零"，甘当隐形人，甘当绿叶的她，有了令人惊叹的"野心"和毅力。

她要在纸上复活他们！

杨绛的父亲曾几次三番地跟女儿说，"生活程度不要追求太好"。意思不过是让她放弃尘世物累，勿忘人的灵性之根。

杨绛在晚年所写的《我们仨》和《走在人生边上》两本书中，反复提及人的灵性良知，以及灵魂与爱。一个经过时代洪流淘洗的智慧老人，她在人生的最后一程，没有故作惊人之语，说出来的都是些朴素易懂的话。像一件棉麻质地的衣物，虽没有丝绸华贵，但温暖熨帖，舒适惬意。

大道至简。

在《走在人生边上》一书里，杨绛不停地思考生死，思考灵魂不灭。

人，如何才能"不死"？

"生年不满百，常怀千岁忧"的我们，渺小如芥子的我们，平凡如微尘的我们，该怎样实现"不死"的神话？

人生，就是一个不断得到又不断失去的过程。

在这个过程中，我们相遇，我们相知，我们相憎，我们相爱……然后，我们分离。不论死别，还是生离。离别都是我们的背景音乐。甚至，是主题曲。

因此，"不死"，或者说灵魂不灭，关乎的不是肉体生命的延长，而是与爱和记忆有关的事情。

如何不死？——活在爱你的人心上。

还有没有别的方式？

老子《道德经》里有一句"死而不亡者寿"。一个肉身死去但没被人忘记的人才是真正长寿。儒家精神提倡"三不朽"。所谓三不朽，即立德、立功、立言。太上立德，其次立功，再次立言。

应该说，钱锺书有杨绛这样的妻子是幸运的，钱瑗有杨绛这样的母亲也是幸运的。她不仅让他们活在她余生的每一个日夜，活在她那颗创痕密布的心上，她还费尽心力地为他们画了一幅人间肖像。那是一幅和美得令人羡慕的全家福，它有着尘世间一切叫人温暖的元素。

她为它取名《我们仁》。

捍卫文字尊严的骑士

杨绛晚年翻译过一部举世瞩目的著作——《斐多》。出版人赵武平这样说道："很早前就听说，杨先生在翻译一部难度很大的古典著作，但对书名和内容一无所知。不久前，朋友陪同金圣华女士前往探望先生回来，告知所译乃是柏拉图的《斐多》。我当时闻之倍感怅然，因为斐多描绘宗师的辞别场面，胸怀充满悲喜交集的心情；而杨先生译此书前，也刚刚送走两位最亲近的家人。我们不得不钦佩这位耄耋老人的镇定自若。"

杨绛的一生，早年以剧作家的身份扬名上海滩，后又涉及散文、小说等创作，各类文体均有出色的作品。但，杨绛作为翻译家的身份，也是不容置疑的。甚至，因其对《堂吉诃德》的出色翻译，对众多对她还不算熟知的读者来说，她除了钱锺书太太之外，翻译家的身份也许是最为人所知晓的。

翻译家，很有点桥的意味。他们通过自己的辛勤劳作，用智慧的结晶，在不同语言和文化背景下，为两边搭建一座看不见的桥。

多数读者选购译著的时候，甚至都不会关注翻译家的姓名，这些为我们采撷异域的芳香、异域的蜜的人们，对很多人来说，他们的工作是默默无闻的。

他们的蜜，哺育了我们，也哺育过我们的先贤。因为，若没有他山之石，我们只会成为固守一角的坐井观天的蛙们，永远守着一潭死水，不知外面的世界有多大，外面的天空究竟是什么颜色。

翻译家的重要、译本的重要，也许就在这其中。读者不太关心翻译家的名字，但并不代表翻译家本人就会"胡来"。严谨的翻译家，非但不会胡来，反而会一字一句地推敲。

翻译的难处，杨绛先生自己曾说过一个形象的比喻——一仆二主。她还说过："我最厌恶翻译的名字佶屈聱牙，而且和原文的字音并不相近，曾想大胆创新，把洋名一概中国化，历史地理上的专门名字也加简缩，另作'引得'或加注。"

杨绛对待翻译十分严谨，"一名之立，旬月踟蹰"。她翻译《堂吉诃德》的时候，正是我国政治风波一个接一个的时候，她每天仿佛从时间里偷时间，然而她从不会为了快速译出这部世界文学经典漫不经心地敷衍。相反，选字、选词、造句，她都力求达到翻译中的"信雅达"三美境界。

在杨绛晚年的时候，曾有记者向她如此提问："创作与翻译，是您成就的两翼。特别是历经'大跃进'、'文革'等困难年代，最终完成的《堂吉诃德》的翻译，已是名著名译的经典，曾作为当年邓小平送给西班牙国王的国礼。很难想象这个工作是您 47 岁自学西班牙语后开始着手进行的。您对堂吉诃德这位骑士有特别的喜爱吗？您认为好的译者，有良好的母语底子是不是比掌握一门外语更重要？"

　　杨绛的回答几乎是篇长文，但很值得我们全文借过来欣赏。因为她的回答不仅展现了一位老翻译家的翻译学思想，对她一生最为人所熟知的译著的理解，还显示出她对翻译艺术的理解。对今天的我们，即便不去搞翻译研究的人，也有很大帮助。万物皆通，因为背后的逻辑和道理是一样的。

　　这个提问包含两个问题。我先答第一个。

　　我对这部小说确实特别喜爱。这也说明我为什么特地自学了西班牙语来翻译。堂吉诃德是彻头彻尾的理想主义者，眼前的东西他看不见，明明是风车的翅膀，他看见的却是巨人的胳膊。他一个瘦弱老头儿，当然不是敌手，但他竟有胆量和巨人较量，就非常了不起了。又如他面前沙尘滚滚，他看见的是迎面而来的许多军队，难为他博学多才，能数说这许多军队来自哪些国家，领队的将军又是何名何姓。这等等都是象征性的。

　　我曾证明塞万提斯先生是虔诚的基督教徒，所以他的遗体埋在三位一体教会的墓园里；他被穆尔人掳去后，是三位一体教会出重金把他赎回西班牙的。虽然他小说里常有些看似不敬之辞，如说"像你妈妈一样童贞"，他也许是无意的，也许是需要表示他的小说不是说教，但他的小说的确是他信仰的产物。

　　现在我试图回答第二个问题。

　　"作为好的译者，有良好的母语底子是不是比掌握外语更重要？"

　　是的。翻译是一项苦差，因为一切得听从主人，不能自作主张，而且一仆二主，同时伺候着两个主人：一是原著，二是译文的读者。译者一方面得彻底了解原著；不仅了解字句的意义，还需领会字句之间的含蕴，字句之外的语气声调。另一方面，译文的读者要求从译文里领略原文，译者得用读者的语言，把原作的内容按原样表达；内容不可有所增删，语气声调也不可走样。原文弦外之音，只能从弦上传出；含蕴未吐的意思，也只附着在字句上。译者只能在译文的字句上用功夫表达，不能插入自己的解释或擅用自己的说法。译者须对原著彻底了解，方才能够贴合着原文，照模照样地向读者表达，可是尽管了解彻底未必就能照样表达。彻底了解不易，贴合着原著照模照样地表达更难。

末了我要谈谈"信、达、雅"的"雅"字。我曾以为翻译只求亦信亦达，"雅"是外加的文饰。最近我为《堂吉诃德》第四版校订译文，发现毛病很多，有的文句欠妥，有的辞意欠醒。我每找到更恰当的文字或更恰当的表达方式，就觉得译文更信更达、也更好些。"好"是否就是所谓"雅"呢？（不用"雅"字也可，但"雅"字却也现成。）福楼拜追求"最恰当的字"（Le mot juste）。用上最恰当的字，文章就雅。翻译确也追求这么一个标准：不仅能信能达，还要"信"得贴切，"达"得恰当——称为"雅"也可。我远远不能达到这个目标，但是我相信，一切从事文学翻译的人都意识到这么一个目标。

在翻译领域中，杨绛自身也是一位如同堂吉诃德般的理想主义者；甚至，不仅是在翻译中，她的一生都是一位理想主义者，

像骑士般追求文学艺术的尊严，捍卫文字的体面，正如捍卫自身
的体面一样。

死者如生，生者无愧

"一个人有了信仰，对人生才能有正确的价值观……我站在
人生边上，向后看，是要探索人生的价值。人活一辈子，锻炼了
一辈子，总会有或多或少的成绩。能有成绩，就不是虚生此世了。"
这是杨绛百岁时留给世人的朴素的生活箴言。

在女儿钱瑗和丈夫钱锺书相继离世的近二十年时间里，她几
乎只做了一件事，就是令"死者如生，生者无愧"。她孜孜不倦
地看钱锺书留下的海量笔记，各种诗稿文存，整理出版钱锺书不
同版本的文集。

钱锺书的笔记不仅繁多，而且注引浩繁，又用中、英、法、德、
拉丁语等不同语言记录，其难度可想而知。凭借对钱锺书的深情
与对他才华的赏识，她日日夜夜地工作着。不仅如此，她还邀请
海内外著名的学者参与到这项杰出的工程中来。

她几乎是从钱锺书刚去世不久就开始这项工作了。钱锺书留
下的手稿都是当年她千辛万苦珍藏辗转腾挪才得以保存的，自然
十分珍贵。偏偏他的手稿零散而残破的不少，她就每天坐在书桌前，

戴着眼镜，笔、胶水、剪刀，各种工作，一个也不少，一张一张精心拼贴，再分门别类地整理好。

钱锺书生前，她为他洗衣做饭，做他的灶下婢，替他挡掉不少耗费时间和精力的来访者。他去世以后，因为要出版他的作品的缘故，她戏称自己成了"钱办主任"。

其实，钱锺书尚在病中的时候，就有人来问，关于出版他的作品的相关事宜。但那时的他哪里有余力去整理呢？他只跟人讲："我的东西，非得要经过我自己审过，才可以出版。"后来计划出版他的手稿，杨绛如此说道："我这么做，出版他的东西，他本来是不同意的呀！可是我怎么办呢？难道我亲手毁了它们？我下不了这个手呀。我想来想去，还是想，把它们当作资料留下来吧。"

这番话，除了深情厚谊之外，更多的还是对丈夫才智的信任以及与此相携而来的对文化遗产的责任担当。

杨绛总是提起钱锺书生前爱说的志向——没有什么大的志气，只想贡献一生，好好做点学问。因而，同为做学问嗜书如命的杨绛，就用自己的余生，好好地为他身后的未竟事业而继续发挥余热。

有些手稿，因为年代久远，来回折腾的时候，甚至遭过日晒雨淋，不免模糊破损。这就特别耗费眼力。除了考验对他的理解熟悉程度，也考验阅读者的知识背景和耐心。杨绛为了它们，日夜操劳，又像当年伺候病中的钱锺书一样，把自己的眼睛也熬得红肿了。

此外，钱锺书的手稿十分经济。他从不肯浪费纸张，每一张纸都写得满满当当，字迹又小，辨认起来十分费力。有时，一张稿纸上，除了多种语言交替使用，还会出现不同颜色的字迹。这样的工作难度之大，常人无法想象。但是，好在这个杨绛眼里顽皮的人，留下了很多让人觉得有趣消遣的东西。

　　他的淘气是情不自禁就要显露出来的。手稿上，有时他会画上小小的插图，有时他会画上一幅让人忍俊不禁的漫画，有时则是随意几笔勾勒的名人肖像。这让阅读者在繁重的工作之余，得以休息片刻。其实，这是他从小到大一直都有的个性。

　　我们今天能够看到钱锺书的这些著作问世，毫无疑问，首先应该感谢的人，就是这位人淡如茶、柔韧如水的文化老人杨绛。没有她从前的保管，没有她后来的整理，就没有这些文化瑰宝。

　　从这一点上来讲，她的工作，确实使得死者如生，生者无愧。

淡极始知花更艳

　　2011 年 7 月 17 日，文化老人杨绛迎来了百岁诞辰。很多领导、媒体人、名流……都想拜访她，但都被她婉言拒绝了。她只想和三姐家的几个回国的孩子们一起安静地度过。她让人转告爱她的人们，请你们替我吃一碗寿面，这就算是过生日了。

　　世上的老人那么多，我们为什么如此爱这位深居简出朴素到极点的老人呢？一名记者写下了这样一段话，或许能代表那些热爱杨绛的人们的观点：

> 我认为杨绛一生最打动人的是她所具备的中华民族传统的沉静之美、内秀之美，还有她的甘做"灶下婢"的奉献精神。从她的本意上，她并不希望我们小辈去写她。当我去采访她时，她很谦虚地说，不要写她，不值得写。
>
> ……我曾与杨绛有过多次通信，在一封回信中杨绛写道："我是一个平凡的人，不值得你们作家写……我干脆劝你放弃这项工作，花点功夫多研究钱先生的学问吧。"但又很能提携后辈，对寄去的书稿，她仔细修改后，又给寄回。

杨绛的话，倒是和夏衍相反。夏衍生前曾说过：你们捧钱锺书，我却要捧杨绛。自然，都是对他们的无比欣赏和热爱。一百年来，杨绛从一位大家闺秀到剧作家、翻译家，从大小姐化身为钱太太，再到一位温暖的母亲，她的一生传奇而坚韧，值得我们好好地书写一番。

人淡如菊，高洁如莲，如果说当世还能有人担得起这样几个词的话，那必定是杨绛先生。看她不同时期的照片，那股优雅的气息由内而外自然而然地散发。人们光看照片，几乎不敢想象她曾经历过怎样的苦难。

她很少抱怨。无论在何时，她的形象总让人感到愉快。哪怕是在特别的年代，她的素淡优雅也总令人难以忘怀。她曾在文章中写道：

我心想，你们能逼我"游街"，却不能叫我屈服。我忍不住要模仿桑丘·潘沙的腔吻说："我虽然游街出丑，我仍然是个有体面的人！"

曾经和杨绛同在社科院外文所工作过的朱虹女士，她对杨绛的印象可谓十分深刻。1953 年，朱虹进入外文所，当时的杨绛已经被他们尊称为"老先生"了。其实，那时候的她才是个四十刚出头的中年人而已。每周开会的时候，杨绛的列席令朱虹感到旧日大家闺秀的气度。她说："她特别端庄，穿得很整齐，可是不趋时，绝对不穿列宁装之类，有时候一些公共活动，我们不当一回事，知道是走过场，可是她很认真。"

在钱锺书去世以后，杨绛干了很多事，其中一件大事令人动容且敬佩。她决定将夫妇俩的全部稿酬和版税，不论是过去的，还是 21 世纪出版的，全部捐献给清华大学——他们在自己的母校设立了一个名为"好读书"的基金会，专门用来奖励那些品学兼优而家境贫寒的学子。

他们夫妻俩并没有用自己的名字作为基金会的名字，而是选择了"好读书"。他们一生都好读书，嗜书如命，不可一日无书。即便是在百岁高龄，她依然坚持每天都读书。

捐赠仪式的那一天，她如以往一样端庄优雅。这是腹有诗书气自华的气息，是江南的灵秀和诗书的共同浸润，使得她看起来如同一块玉那样温润迷人。

发言的时候，她还保有老派知识分子的特色——她说她个子小，要站起来说。杨绛说：

　　这次是我一个人代表三个人说话，代表我自己、已经去世的钱锺书和女儿钱瑗。我只说三句话：在 1995 年钱锺书病重时，我们一家三口共同商定用全部稿费及版税在清华设立一个奖学金，名字就叫"好读书"，而不用个人名字。奖学金的宗旨是扶助贫困学生，让那些好读书且能好好读书的贫寒子弟，能够顺利完成学业；期望得奖学金的学生，永记"自强不息、厚德载物"的清华校训，起于自强不息，止于厚德载物，一生努力实践之。

　　在这番朴素的话后，她说的是谢谢大家帮助他们一家三口完成了心愿。非但不要别人感谢她，而是她感谢接受他们帮助的人们，这种修养几人能及？

人间，很值得

　　在女儿钱瑗和丈夫钱锺书去世后，杨绛过着深居简出的生活。随着痛苦的隐遁，平静如水的规律生活，一度成为她的日常。但是在 2013 年，当她已过百岁后的两年，一个新闻如一枚深水炸弹，炸开了这平静，余波如涟漪不断扩散，扩散。杨绛以百岁之身，不得不出来面对这一波又一波的袭击。

　　据《东方早报》和《光明日报》的报道，110 件钱锺书一家与人书信往来的手稿，将于 6 月 22 日在北京万豪酒店拍卖。

据拍卖方称这是出于对杨绛一家的尊重，认为他们与友人的往来通信很有学术研究价值。这样的观点原是不错的。但是，杨绛先生还在世，何况私人信件往来肯定涉及一些对别的学者、艺术家的评价，一旦公开，于人于己都是不合适的。

杨绛自然不允许这样的事发生。她第一时间致电给香港《广角镜》杂志社的总编辑李国强质询——因为他正是书信的接收者和保有者。

"我当初给你书稿，只是留作纪念。通信往来是私人之间的事，你为什么要把它们公开？""这件事情非常不妥，你为什么要这样做？请给我一个答复。"

面对杨绛的质询，李国强支支吾吾，无法作答，只好用"这件事情不是我做的，是我朋友做的"来推卸责任。这自然是难以自圆其说的借口。朋友所为，不过是经过他同意的行动。可以想象，当年的杨绛，面对这件事情的愤怒与失望。什么都可以拍卖，人生不能拍卖；什么都可以拍卖，人生的秘密不可拍卖。

什么都可以交出，家人的尊严体面不能交出。

想象一下，当我们出于对老友的信任，在我们的通信中，我们恳切地谈论一切，最终，他却将我们的言论公之于众！

5 月 26 日，在杨绛得知消息不到一周的时间，她通过《新民晚报》等媒体发布公开信，坚决表示反对这次拍卖计划。

近来传出某公司很快要拍卖钱锺书、我以及钱瑗私人书信一事，媒体和朋友很关心我，纷纷询问，我以为有必要表明态度，现郑重声明如下：

一、此事让我很受伤害，极为震惊。我不明白，完全是朋友之间的私人书信，本是最为私密的个人交往，怎么可以公开拍卖？个人隐私、人与人之间的信赖、多年的感情，都可以成为商品去交易吗？年逾百岁的我，思想上完全无法接受。

二、对于我们私人书信被拍卖一事，在此明确表态，我坚决反对！希望有关人士和拍卖公司尊重法律，尊重他人权利，立即停止侵权，不得举行有关研讨会和拍卖。否则我会亲自走向法庭，维护自己和家人的合法权利。

三、现代社会大讲法治，但法治不是口号，我希望有关部门切实履行职责，维护公民的"通信自由和通信秘密"这一基本人权。我作为普通公民，对公民良心、社会正义和国家法治，充满期待。

一时间，这件事成为备受瞩目的公共事件，来自一些高校的法学研究者也从各自的专业领域给出了自己的看法。铁凝，作为杨绛先生的后辈同行，发表了声援杨绛的谈话。

公开和出售别人的隐私，有悖于社会公德与人的文化良知……关于钱锺书杨绛私人书信被拍卖一事，我看到《文汇报》上一些法学专家的意见，我是同意的。这一行为侵犯了他人的隐私权。以往国内外也有类似的案例被裁定。在当事人不知情或不同意的情况下，擅自公开拍卖和公开出版的性质完全相同，最重要的在于"公开"。任何未经许可的公开都是对隐私权的侵犯。

私人间的通信是建立在相互尊重、信任的基础上的。利用别人的信任，为了一己之私，公开和出售别人的隐私，有悖于社会公德与人的文化良知。在当事人坚决反对的情况下，如果还执意要这样做，是对当事人更深的伤害。

钱锺书和杨绛先生是我国著名的文学大家、翻译大家，深受国内外众多读者的喜爱，对中国文学乃至中国文化产生了重要影响。杨绛先生是亲历五四运动，唯一仍在世的中国作家。钱锺书、杨绛二人把一生全部的稿费和版税捐赠给母校清华大学，设立"好读书"奖学金，至今捐赠累计逾千万元，受益者已达数百位学子。如今，102岁的杨绛先生精神矍铄，身体康健，我认为这是中国文学界和文化界的幸事和喜悦之事。拍卖事让这位年逾百岁的老人在安宁和清静中被打搅，她的情感、精神受伤害。让这样一位老人决意亲自上法庭一定是许多喜爱钱锺书、杨绛作品的读者不希望看到的，一定也是善良的国人不乐意看到的。人心的秩序，人际关系中信任、坦诚这些美好的词汇万不可变得如此脆弱和卑微。

这一次拍卖风波，终于有了转机。在杨绛的强烈反对下，在铁凝等人的声援下，中国国家版权局也发表支持杨绛先生维权的声明。这样，一波三折的拍卖，最终以杨绛这位百岁老人的胜利而告终。

在人间，若这些都可以进行交易，若人的良知也被标上了价码，那么我们的一切就也被毁了。人间，很值得。因为，我们尚没有售卖这些看不见的珍品。

爱之后的爱

晚年的杨绛先生，痛失爱女圆圆头，痛失一生的挚爱伴侣钱锺书，她余下的日子，究竟用多少个难眠的夜晚咀嚼了那苦涩的滋味，旁人只能想象，却无从得知。为钱锺书奉献了一辈子热情才智的她，要如何面对爱之后的爱呢？

杨绛用自己的书写、自己的行动，来告诉我们她的选择。

在《将饮茶》一书的前言中，她写了篇名为《孟婆茶》的文章。众所周知，在民间文化中，人离开阳间，到达阴间的第一站便是孟婆的茶楼，饮下她的一碗孟婆茶，前尘往事成云烟，再也不用记那些糟心的人与事儿，一切统统都会忘掉。

杨绛在这里用似真似幻的笔触，为我们写下了她的一个"梦"。

我登上一列露天的火车，但不是车，因为不在地上走；像筏，却又不在水上行；像飞机，却没有机舱，而且是一长列；看来像一条自动化的传送带，很长很长，两侧没有栏杆，载满乘客，在云海里驰行。我随着队伍上去的时候，随手领到一个对号入座的牌子，可是牌子的字码已经擦改，看不清楚了。

杨绛手里的这个号码牌究竟所谓何用？她缘何如此执着地拿着它寻寻觅觅。接下来的文字，她便为我们道明了真相。

我按着模糊的号码前后找去：一处是教师座，都满了，没我
的位子；一处是作家座，也满了，没我的位子；一处是翻译者的座，
标着英、法、德、日、西等国名。我找了几处，都没有我的位子。
传送带上有好多穿灰色制服的管事员。一个管事员就来问我是不
是"尾巴"上的，"尾巴"上没有定座。可是我手里却拿着个座
牌呢。他要去查对簿子。另一个管事员说，算了，一会儿就到了。
他们在传送带的横侧放下一只凳子，请我坐下。

这是一位老人在寻找自己一生的位置。她究竟是谁？她的身
份究竟是什么？教师吗？满了。作家吗？满了。翻译家吗？也满了。
这是杨绛一生中最为人所熟知的三个社会身份。然而，一个个都
满了，没有她的位置——这当然是老人的自谦之语，也是老人清
醒的自我认知。人的一生，究竟是怎样的？剥离这些社会身份，
我们究竟是谁？

换句话说，杨绛这里简短的话，说的其实是如何寻找自我——
一个古老的哲学问题——我是谁？

紧接着，杨绛先生发挥了她一如既往的含蓄幽默。

我愤愤向近旁一个穿灰制服的请教：我们是在什么地方。他
笑说："老太太翻了一个大跟斗，还没醒呢！"他向后指点说："我
们从那边开过来，那边是红尘世界，咱们正往西去。"说罢也喊：
"往前看！往前看！"因为好些乘客频频回头，频频拭泪。

我又问："咱们是往哪儿去呀？"

他不理睬，只用扩音器向乘客广播："乘客们做好准备，终

点站孟婆店快到了。请做好准备！"

前前后后传来纷纷议论。

人生的来处已经模糊，只剩下去处了。人一旦衰老，迎接我们的只有老病和死亡，还有无穷无尽的孤独。

该喝一杯孟婆茶了。

"孟婆茶可喝不得呀！喝一杯，什么事都忘得一干二净了。"

"嗨！喝它一杯孟婆茶，一了百了！"

"我可不喝！多大的浪费啊！一杯茶冲掉了一辈子的经验，一辈子不都是白活了？"

"你还想抱住你那套宝贵的经验，再活一辈子吗？"

"反正我不喝！"

"反正也由不得你！"

面对我们的人生，面对过去，杨绛先生用言简意赅的笔为我们画出几张不同选择的面孔。有人惧怕遗忘，有人速求忘却。

杨绛在这里没写自己如何面对孟婆茶，她岔开去，讲了一番别开生面的回忆生前往事的"电视"。每个人上了楼——

"那儿还有电视室，指头一按，就能看自己过去的一辈子——各位不必顾虑，电视室是隔离的，不是公演。"

这话激起哄然笑声。

"平生不作亏心事，我的一生，不妨公演。"这是豪言壮语。

"得有观众欣赏呀！除了你自己，还得有别人爱看啊！"

这就是杨绛，在人生最后一程里，尽管是个梦，来自老年的她的想象，然而充满一如既往的机警，甚至自嘲。

在这篇独树一帜的文章最后，杨绛写到了更为奇特的要求，所有旅客都不准携带行李才能过关。这行李可不仅仅是我们平时印象里的物品，还包括留存在我们头脑里的各种思想、感情，夹带这些私货过不了关。

杨绛说："好吧，我夹带着好些私货呢，得及早清理。"于是，她选择将这些"私货"用文学的方式留存下来。

这是她最后的选择。她选择记忆而非遗忘。

余生，说长也长，说短也短。但是，不论在哪一站，我们总要有这样的瞬间，问问自己这些难解的问题。这是我们对自己的爱，是爱之后的爱。

这是最后的独白

在钱瑗和钱锺书相继离世的日子里，她过着严谨克制的生活。减少会客，每日只在家读书、整理书稿，以及写作。但她并不像别的老人那样，真的窝着，不出门了。她坚持每天到楼下锻炼身体，练"大雁功"，那是从前住对门的邻居教给她和钱锺书的。

再后来，身体不大允许了。她就每天在家里走动七千步。同住一个院子的人开玩笑说她能活一百二十岁。她听了以后说："活那么久太苦了。"

她作息规律，每天凌晨一点左右才休息，可是六点钟就起床了。这是多年来养成的习惯——她习惯晚睡。

她饮食清淡，并不吃什么补品。她跟别人说，好东西从前都吃过了，没那个欲望，清淡朴素的菜式正好合适。她将人生比作一场去火的修炼过程，人间的千种心酸万种磨难都是淬火的过程，就是要将我们千锤百炼，然后才能温润如玉，从容回家。

正如她 2005 年的时候，因一场病住院，她就一直在思索"走到人生边上"这个题目一样。她知道自己确实到了人生的边缘了，到了该准备收拾行李，打扫好人间的战场，朴素干净地"回家"的时候了。

2016 年 5 月 25 日凌晨一点，她走了，异常安详。人间最后的"我们仨"，也跟着没有了。

也许，唯一令我们感到些许安慰的是，她和钱瑗、钱锺书再也不会失散了。我们仨，将再次团圆。

她的一生，经历了太多的传奇、太多的磨难，如她所说，一生坎坷。然而，她从来都是怨而不怒的风度，真正做到了温柔敦厚。

她和钱锺书之间美好的爱情、美满的婚姻，也成为世间的一个"标本"。她这样写道：

我原是父母生命中的女儿，只为我出嫁了，就成了钱锺书生命中的杨绛……

我做过各种工作：大学教授，中学校长兼高中三年级的英语教师，为阔小姐补习功课。又是喜剧、散文及短篇小说作者等等。但每项工作都是暂时的，只有一件事终身不改，我一生是钱锺书生命中的杨绛。这是一项非常艰巨的工作，常使我感到人生实苦。但苦虽苦，也很有意思，钱锺书承认他婚姻美满，可见我的终身大事业很成功，虽然耗去了我不少心力体力，不算冤枉。钱锺书的天性，没受压迫，没受损伤，我保全了他的天真、淘气和痴气，这是不容易的。实话实说，我不仅对钱锺书个人，我对所有喜读他作品的人，功莫大焉！

在她说了这番话的一年后，她便悄然地离开了这个令人爱恨交织却万般留恋的世界。

她生前曾翻译过这样的话——我一生，最爱大自然，其次是艺术。她说她也是这样的人。

她又说：我双手烤着生命之火取暖。火萎了，我也准备走了……